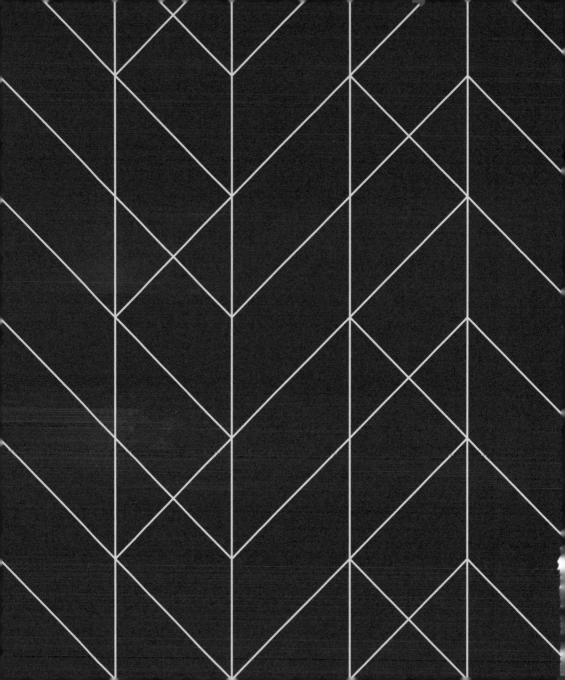

CÓCTELES
DEL
MUNDO

50 COMBINADOS
DE BARES DE HOTEL
EMBLEMÁTICOS

ALIA AKKAM

CÓCTELES
DEL
MUNDO

50 COMBINADOS
DE BARES DE HOTEL
EMBLEMÁTICOS

Ilustraciones
de Evi-O. Studio

cincotintas

CONTENIDOS

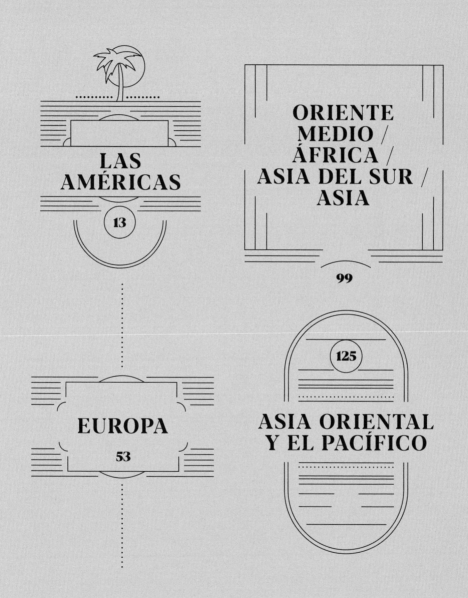

INTRODUCCIÓN

CONOCE LOS MEJORES BARES DE HOTEL DEL MUNDO Y LAS RECETAS DE SUS CÓCTELES PARA PREPARARLOS FÁCILMENTE EN CASA.

KOLLÁZS, el restaurante del Hotel Four Seasons Gresham Palace de Budapest, dispone de entrada independiente, pero yo prefiero llegar a través del vestíbulo. Así, puedo disfrutar de la cúpula de cristal sobre mi cabeza y de las baldosas de mosaico a mis pies, que me retrotraen a su inauguración a principios del siglo XX. Paso junto a los camareros que trajinan con platos a base de pulpo, vieiras y salchichas sobre un lecho de patatas a la pimienta, hasta llegar al bar, de planta circular, situado a un lado del comedor. Me siento —como suelo hacer— solo, rodeado de desconocidos.

Charlo con los bármanes y acabo con un precioso cóctel ante mí, y entonces, dejando fluir mis pensamientos, hallo calma en el anonimato. Aquí, nadie sabe quién soy. Puedo ser cualquiera: la persona que quiero que crean que soy, la persona que aún podría llegar a ser.

También me siento cómodo en un sencillo bar de barrio, observando cómo la clientela asidua pide las mismas copas de vino blanco demasiado frío al mismo barman hosco, pero sé que no soy el único que se deleita con el aura enigmática del bar de hotel, con su poder para infundirle a uno la creencia en un destino que se había dado por perdido. Pasar la noche en una ostentosa habitación de hotel es una experiencia glamurosa, y el bar del hotel, por donde desfilan sin cesar infinidad de huéspedes que se acuestan en las suntuosas camas de los pisos de arriba, es un escenario igual de seductor; de posibilidades igualmente infinitas. Por eso escribí este libro: para homenajear 50 de los mejores bares de hotel –alguno de los cuales te sonarán– y rendir tributo a sus distinguidos y variopintos legados.

En la década de 1920, cuando algunos bármanes americanos se trasladaron a Europa a raíz de la Ley Seca, los bares de hotel eran lugares donde se reunían los famosos y adinerados. Gran parte de aquella magia sigue presente en algunas salas y se ha reinterpretado con gracia en otras. Para comprender la atracción del bar de hotel, no obstante, hay que entender la propia evolución del hotel.

Cuando Bill Kimpton abrió el Clarion Bedford Hotel de San Francisco en 1981 (el primero de la cadena Kimpton Hotel & Restaurant Group, conocida por las Wine Hour gratuitas, los albornoces con estampado de animales y el servicio informal) quedó extraoficialmente inaugurada la era de los selectos hoteles boutique. Tres años después, Ian Schrager y su difunto socio Steve Rubell, los genios del ocio nocturno neoyorquino detrás del Studio 54 y The Palladium, trasladaron el modelo a la costa este del país e inventaron el arte de ver y ser visto con el Morgans New York. En este hotel minimalista, diseñado por Andrée Putman, el vestíbulo dejaba de ser un lugar práctico donde registrarse para convertirse en un hervidero social. Un estilo similar al del cordón de terciopelo (por cierto, este tipo de cordón de seguridad, empleado para controlar el acceso al recinto, alcanzó nuevos niveles a finales de los años setenta en el Studio 54, donde se usaba para mantener a raya a la chusma) siguió el vanguardista Royalton, el siguiente hotel neoyorquino de Schrage y Rubell (el primero diseñado por el alocado

Philippe Starck) en 1988. Tres años más tarde, el Gerber Group abrió el bar The Whiskey en el hotel Paramount de Schrager y estampó el sello definitivo a la idea del hotel como fuente de electrizante vida nocturna.

Otros hitos los marcan los hoteles Joie de Vivre, de Chip Conley, inaugurados en San Francisco (la marca ya no pertenece a Conley; forma parte de la cartera de Hyatt); André Balazs adecuó el Chateau Marmont para la escandalosa banda hollywoodiense; y Claus Sendlinger, con la intención de dar voz a los hoteles pequeños con encanto, cofundó Design Hotels en 1993. Los grupos W Hotels y Standard Hotels aparecieron en 1998, ofreciendo a los jóvenes fiesteros más lugares donde divertirse con estilo. Un año después, el primer Ace Hotel –un imán para la clase menos pudiente– se alzó en un antiguo centro de reinserción de Seattle. Todos estos hoteles seguían filosofías diversas, pero con el compromiso para huir de lo convencional como denominador común, y demostraban que los hoteles podían resultar memorables, no prosaicos. Ponían el acento en el diseño y, con sus bares, deslumbraban a los vecinos tanto como a sus fugaces visitantes nómadas. El bar de hotel ya no parecía un lugar anticuado –territorio de un público enjoyado–

El auge del hotel boutique coincidió con un cambio universal en el ámbito de los cócteles, que pasaron de burdas mezclas con refrescos de sabores artificiales, sifones de soda y bebidas dulzonas adecuadas para el ambiente de los años setenta y ochenta, a las preparaciones elaboradas al momento que afortunadamente abundan hoy.

Cuando el enternecedor pasado cede ante lo moderno y anodino, es buen momento para honrar los bares que han sobrevivido al paso del tiempo, los que derrochan carácter aunque no sirvan las bebidas más excitantes, y los clásicos modernos que, si bien no gozan de una larga tradición, tienen calidad a raudales.

SINGULARES

Hoteles
de las Américas, Europa, África, Oriente Medio, Asia y el Pacífico

ACOMPAÑADOS DE

Recetas de cócteles
directas de sus bares

CÓMO UTILIZAR ESTE LIBRO

A lo largo de estas páginas, conocerás hoteles singulares de las Américas, Europa, África, Oriente Medio, Asia y el Pacífico, junto con recetas directamente obtenidas en sus bares. Algunas son sencillas, otras más complicadas, pero con paciencia darás con la mayoría de ingredientes.

Indico específicamente la elaboración de cada bar, pero también anoto cuándo esta ha sido adaptada para comodidad del lector. Así mismo, muchos de los establecimientos señalan marcas de producto concretas para sus creaciones, que incluyo para ser fiel a la receta y a la preferencia del barman, pero si no encuentras una, no te apures y cámbiala por otra marca.

· · · · · · · · · · ·

Encontrarás referencias al **sirope básico** en las listas de ingredientes. Se prepara en un momento en casa, y el mismo sirope sirve para todos los cócteles que lo requieran. Esta base de numerosas recetas consiste esencialmente en agua azucarada, que se obtiene mezclando una parte de azúcar con una parte de agua (si esta medida estándar varía, se indica en la receta). Para conseguir esta proporción de 1:1, sencillamente añade una taza de agua con una taza de azúcar granulado en un cazo. Llévalo a ebullición y remueve hasta que se disuelva a fuego medio, y luego utiliza la cantidad que indique la receta. Después de preparar una tanda de cócteles, el resto de sirope se conserva en un recipiente de vidrio hasta dos semanas en el frigorífico.

· · · · · · · · · · ·

Solo necesitas los utensilios básicos de coctelería —coctelera, colador, medidor, cuchara coctelera, majadero o muddler, pinzas para cubitos— para dar una buena fiesta.

· · · · · · · · · · ·

Para terminar, el libro incluye páginas con informaciones diversas que ofrecen un mayor conocimiento de la cultura del bar de hotel.

LAS
AMÉRICAS

13

LAS AMÉRICAS

En 1954, al barman Ramón «Monchito» Marrero se le atribuyó la invención del Piña Colada, o vacaciones en una copa, en el Caribe Hilton de San Juan, Puerto Rico. La bebida a base de ron, leche de coco, nata para montar, zumo de piña y hielo picado le transportaba a uno y resultaba exactamente el tipo de exotismo que el turista del momento buscaba para animarle sus esperadas vacaciones. El Piña Colada de Marrero no es el único cóctel que se ha inventado en un bar de hotel, pero su simplicidad enfatiza los deseos de los huéspedes y subraya la capacidad de los hoteles para cumplirlos.

La moda del cóctel que surgió en los Estados Unidos en la década de 2000, y se extendió al Canadá y a Latinoamérica, sigue vigente, y en esta región los bares han mejorado mucho, también los de hotel. Ahora, los bármanes usan ingredientes estelares, y como sucediera en los años cincuenta con el Piña Colada, una esfera de hielo esculpida a la perfección y siropes caseros especiados son lo que ahora siembra sonrisas. Los bares de hotel en América pueden ser un tanto estrambóticos, pero los buenos saben que eso es solo parte del juego.

N.º 1

Pisco Sour

BAR INGLÉS DEL
COUNTRY CLUB
LIMA HOTEL,
LIMA, PERÚ

INGREDIENTES

120 ml (4 fl oz) de pisco puro Quebranta
30 ml (1 fl oz) de zumo de limón
   recién exprimido
30 ml (1 fl oz) de sirope básico (p. 11)
unas gotas de clara de huevo
amargo de Angostura, para decorar

ELABORACIÓN

Pon todos los ingredientes en la
coctelera llena de hielo y agita con
vigor. Cuela en una copa y añade
1-2 gotas de amargo de Angostura
para decorar.

Cuando abrió en 1927, el Country Club Lima Hotel parecía una enorme mansión colonial española –un estilo muy en boga en los círculos de la alta sociedad limeña, a pesar de la liberación de Perú de España en la década de 1820–. Ubicado en el distinguido barrio de San Isidro, había gozado en los años cuarenta de un campo de polo y, en su esplendor, atrajo a celebridades como Nelson Rockefeller, Ava Gardner y John Wayne, quien conoció aquí a su tercera esposa. Si alternaban, probablemente lo harían con un Pisco Sour en la mano en el Bar Inglés, con paredes revestidas de madera y que recuerda un club privado británico.

Años más tarde, el cóctel peruano por antonomasia sigue siendo el más solicitado, pero los bebedores curiosos tal vez pedirán a los atildados bármanes otra especialidad con pisco para la segunda ronda, como el refrescante Chilcano, con ginger-ale, o el Chicha Sour, con el color del maíz morado peruano.

La historia del país no solo se cuenta en el bar, sino en toda la propiedad. Trescientas obras de arte colonial donadas por el Museo Pedro de Osma repasan el vasto legado artístico de la nación, junto con los vistosos tapices andinos que cuelgan sobre las camas de las habitaciones.

LAS AMÉRICAS

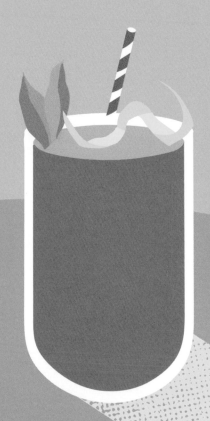

CÓCTELES DEL MUNDO

N.º 2

Carioca Iced Tea

POOL BAR DEL BELMOND
COPACABANA PALACE,
RÍO DE JANEIRO, BRASIL

INGREDIENTES

20 ml (2/3 fl oz) de cachaza
20 ml (2/3 fl oz) de vodka
20 ml (2/3 fl oz) de ginebra
20 ml (2/3 fl oz) de zumo de limón
   recién exprimido
20 ml (2/3 fl oz) de sirope básico
   (p. 11)
50 ml (1 ¾ fl oz) de té recién
   hecho (el bar usa mate, pero va
   bien cualquier té negro cítrico
   enfriado)
hojas de menta y un rizo de limón,
   para decorar

ELABORACIÓN

Pon todos los ingredientes en la
coctelera llena de hielo y agita
con vigor durante 10 segundos.
Cuela en un vaso Collins o un vaso
largo lleno de hielo, y decora con la
menta y el limón.

El distinguido dúo de baile de Fred Astaire y
Ginger Rogers apareció por primera vez en
pantalla en *Volando hacia Río de Janeiro*, de
1933, una comedia romántica musical que
presentó al público el baile Carioca —en el
que se juntan las frentes de los bailarines— y
la noción de Río de Janeiro como escapada
cinematográfica sudamericana. El centro de
esta fantasía es el Copacabana Palace.

Ahora llamado Belmond Copacabana
Palace, el hotel abrió en 1923, delante de
la bella (y enseguida famosa) playa del
mismo nombre. De diseño *art déco*, obra del
arquitecto francés Joseph Gire, atrajo un
público selecto que buscaba lujo tropical:
Orson Welles, Brigitte Bardot y Mick Jagger
se refugiaron aquí. Y se dice que de una
conversación en el hotel entre Barry Manilow
y el letrista Bruce Sussman nació la famosa
canción de 1978 *Copacabana*. El espacio
bajo una cúpula, la Golden Room, donde Ella
Fitzgerald y Nat King Cole actuaron, se destina
ahora a eventos privados, pero la espectacular
piscina continúa envuelta en el glamur del
Viejo Mundo. En el Pool Bar, las bebidas se
elaboran con ingredientes brasileños, como
la cachaza blanca mezclada con guaraná, el
Negroni con ginebra aromatizada con cumarú
y el Bellini con pulpa de anacardo.

N.º 3

Hotel Nacional Riff

HOTEL NACIONAL
DE CUBA, LA HABANA, CUBA

Creado por Erik Adkins

INGREDIENTES

45 ml (1 ½ fl oz) de ron Banks
  7 Golden Age (o ron Barbancourt
  de 8 años)
25 ml (¾ fl oz) de zumo de lima
  recién exprimido
25 ml (¾ fl oz) de jarabe de goma
  de piña Small Hand Foods
15 ml (½ fl oz) de licor de
  albaricoque Rothman & Winter
unas gotas de amargo de
  Angostura
rizo de piel de lima, para decorar

ELABORACIÓN

Pon todos los ingredientes en la
coctelera llena de hielo y agita
con vigor. Cuela en una copa
Pompadour refrigerada y decora
con un rizo de piel de lima.

En la década de 1920, para escapar de la prohibición durante los grises días de la Ley Seca, los bármanes norteamericanos abrieron sus propias *boîtes* en La Habana. En este ambiente de creatividad (una época en que el americano Eddie Woelke inventó el cóctel El Presidente en el Jockey Club, y posiblemente también el Mary Pickford, a base de ron), se inauguró el Hotel Nacional de Cuba, orientado a los turistas estadounidenses.

Diseñado por McKim, Mead y White, los arquitectos neoyorquinos autores de proyectos como el Museo de Brooklyn y la Universidad de Columbia, el Nacional era un edificio señorial con vistas al puerto de La Habana y el castillo del Morro. Disponía de pistas de tenis, una piscina de agua salada y un bar que magnificaba la reputación de La Habana como la París del Caribe, con huéspedes como Rita Hayworth, Frank Sinatra y Marlon Brando. Los viejos elementos decorativos, como las baldosas, el latón o la madera de caoba del vestíbulo, así como los exuberantes jardines y, por supuesto, el bar repleto de recuerdos, transportan a La Habana precastrista.

El cóctel predilecto –que, se dice, fue creado para el hotel por su barman americano, Wil P. Taylor– combinaba ron blanco con zumo de piña y licor de albaricoque, y han existido numerosas versiones del mismo, incluida la receta con ron dorado que Charles H. Baker Jr. anotó en su influyente diario de viaje y libro de cocina *The Gentleman's Companion*.

La receta original, el Hotel Nacional, lleva zumo de piña, pero en esta versión (conocida como Hotel Nacional Special C) de Erik Adkins, responsable de bar de The Slanted Door Group de San Francisco, opta por el jarabe de goma de piña, que confiere una textura aterciopelada al cóctel.

HOTEL NACIONAL DE CUBA, LA HABANA, CUBA

EN EL CANDELERO:
UN NUEVO TIPO DE LUJO
la cultura del cóctel

QUEDAMOS EN EL VESTÍBULO

Veinte años atrás, un cliente llegaba a un «hotel de lujo» esperando mármol veteado en el baño, la entrega del bocadillo por el servicio de habitaciones bajo un cubreplatos plateado y un albornoz de rizo dispuesto sobre la enorme cama de matrimonio. Esta uniformidad en la excelencia funcionaba en el pasado, pero con los términos «boutique» y «lifestyle hotel», tan actuales, ahora las cosas no están tan definidas. El lujo es sutil y más personalizado que nunca. Los huéspedes no buscan tanto un esplendor estándar de sábanas de un determinado número de hilos como un establecimiento con un estilo diferenciado. ¿Cuál es su impacto en la comunidad? ¿Qué lo diferencia del hotel de al lado, cuyo vestíbulo bulle con profesionales que cargan sus portátiles todo el día?

A menudo esto se traduce en habitaciones reducidas (y más amables con el bolsillo) de diseño meditado, apoyadas en una filosofía cultural y culinaria bien definida que se despliega en los espacios comunes. El bar de hotel moderno, entonces, se suma a una extensa oferta global de coctelería y al mismo tiempo redefine el concepto de lujo para unos clientes que valoran la diversión por encima de la pretensión.

Por ejemplo, en Portland, Oregón (EE. UU.), en el interior del Hotel de Luxe se halla la Driftwood Room, vestigio de sus días como Hotel Mallory, de estilo Regency. En la década de 1950, los lugareños acudían al hotel adornado con arañas de cristal para jugar al billar y fumar puros. Hoy, si bien parece salido de un decorado retro de la Paramount, con sus voluptuosas banquetas y techos trabajados, la Driftwood Room es un antro relajado al que se escapan parejas vestidas de manera informal buscando el servicio de dispensador de absenta y los cócteles de champán de la *happy hour*, como el Elizabeth Taylor, con licor de violetas.

A unos minutos de allí, se encuentra el Ace Hotel Portland, con su despreocupado bar-restaurante Clyde Common, donde el encargado, Jeffrey Morgenthaler (se le puede ver también en el cercano Pépé le Moko), autor de *Drinking Distilled: A User's Manual* y *The Bar Book: Elements of Cocktail Technique*, creó el Barrel-Aged Negroni a finales de 2009, aún vigente. Otros cócteles, como el Southbound Suarez (tequila reposado, lima, agave, Becherovka, horchata casera), hacen las delicias del público compuesto por visitantes y habitantes de Portland sentados en mesas compartidas. Morgenthaler lo resume así: «Queríamos un espacio sencillo y sin adornos, donde la comida, la bebida y el servicio brillaran. Nos preocupamos de que todo el mundo esté cómodo y se lo pase bien».

Todos parecen también relajados en The Drake Hotel del barrio West Queen West de Toronto. El edificio es una incubadora de arte local, nacional e internacional, con una sala propia para actuaciones, y esta creatividad se extiende al bar Sky Yard de la azotea, cubierto de murales, donde una clientela artística se reúne para degustar bebidas como el 92nd Street (whisky escocés Monkey Shoulder, Chartreuse verde, té sencha de manzana, hojas de árbol del curry y soda de vainilla).

Uno de los ejemplos más notables de inesperado lujo en licores es el Broken Shaker, el bar que inicialmente concibieron como espacio temporal Gabe Orta y

Elad Zvi, de Bar Lab. El primer establecimiento permanente llegó en 2012 en el Freehand Miami, un discreto hotel con estilo social de albergue tuneado y habitaciones con literas para grupos de amigos. Inmediatamente, el seductor patio, con el aire retorcido de la fiesta en el jardín de *Alicia en el País de las Maravillas*, se llenó de gente del lugar y turistas. Ahora hay bares Broken Shaker en los hoteles Freehand de Chicago, Los Ángeles y Nueva York, y tanto si es para un Apples to Oranges (tequila reposado Don Julio, Campari, naranja especiada, sidra con gas) degustado en una azotea neoyorquina como para un Neon Nights (mezcal Vida, Ancho Verde, Aperol, especias togarashi y cítricos tostados, tintura de acedera, zumo de lima) junto a la piscina del antiguo edificio Commercial Exchange del centro de Los Ángeles, el Broken Shaker siempre está a tope.

«Nos encanta el equilibrio entre lo intelectual y lo populachero. La persona que paga veinte dólares por una cama en un Freehand puede coincidir en el bar con la que vive en una casa lujosa frente al hotel y es un habitual», afirma Orta. El otro socio, Zvi, añade: «Tenemos algo para cada cliente. El ponche del día cuesta ocho dólares; y para los que quieren pagar más, disponemos incluso de botellas especiales de champán por 350 dólares. Damos la bienvenida y tratamos a todos por igual.»

Los salones franceses de Madame Rambouillet del siglo XVII inspiraron The Ramble Hotel, en la zona River North Art District de Denver. Cuando los huéspedes salen de las habitaciones con antiguas alfombras persas y suelos de tarima de nogal, su misión es, igual que la de las reuniones íntimas de Rambouillet, conversar, aprender y compartir dentro de los confines del hotel. Death & Co, el segundo establecimiento después del de Nueva York, obra de Alex Day, Dave Kaplan y Ravi DeRossi, desempeña un papel esencial en este sentido, con bebidas como el Wabi-Sabi (whisky High West Silver Western Oat, ginebra japonesa, chocolate blanco, wasabi, coco, limón, matcha) que se sorbe en sofás de terciopelo.

«Siempre consideramos el Death & Co algo más que las cuatro paredes del local original en East Village que era. Para nosotros, Death & Co trata más de nuestra perspectiva sobre la coctelería y la hostelería –una manera de trabajar, cómo tratar a los huéspedes y al equipo, una estética para una oferta creativa pero reservada y elegante– y nos ilusiona desde hace años expresar esta filosofía de otras maneras, en especial con la singular energía de un hotel», explica Day. «En Denver, existe la oportunidad de explorar las variantes del Death & Co: el primer sorbo de café de la mañana, un cóctel de baja graduación para la tarde, una copa veraniega en la terraza del bar o la profunda experiencia de inmersión del cóctel nocturno acompañado de comida deliciosa; multitud de oportunidades creativas, pero siempre comprensibles como Death & Co. De esta manera, creo que el éxito del Death & Co de Denver y su integración en The Ramble Hotel va ligada a nuestra potente visión colectiva de equipo y una ilusión casi infantil por las diversas formas en que podemos expresarla».

El lujo es sutil y más personalizado que nunca.

N.º 4

Jamaican Manhattan

POOL BAR & GRILL DEL
ROCKHOUSE HOTEL & SPA,
NEGRIL, JAMAICA

INGREDIENTES

60 ml (2 fl oz) de brandy jamaicano
  Wray & Nephew
30 ml (1 fl oz) de vermut dulce
4 chorritos de amargo
  de Angostura
1 cereza, para decorar

ELABORACIÓN

Pon todos los ingredientes en
el vaso mezclador lleno de hielo
y remueve. Cuela en una copa
Martini refrigerada y decora con
una cereza.

Rockhouse encarna la idea de isla paradisíaca, con edificaciones de piedra, techos de paja y madera que se hacen eco del paisaje selvático —el mobiliario de las habitaciones, suites y villas se fabrica en un taller interno—. Colgado de los espectaculares acantilados de coral de Negril, este hotel boutique ecológico abrió en 1973, cuando era un garito frecuentado por Bob Marley y Bob Dylan. En 1994, cuando se hizo cargo de él el actual propietario australiano, se aseguró de que no perdiera aquel espíritu. Al contrario, el hotel acentuó su conexión con Jamaica creando una fundación que ayuda a los niños renovando colegios y bibliotecas.

Las camas de dosel invitan a acostarse, pero hay que levantarse al menos para zambullirse en la piscina desbordante y degustar las comidas de los tres restaurantes y bares, que emplean productos del huerto ecológico para platos y bebidas. Antes de la puesta de sol, apresúrate hacia el Pool Bar & Grill y disfruta de las vistas sobre el Caribe en compañía de un Jamaican Manhattan o un refrescante Jahjito, preparado con ron blanco Appleton hecho en la isla, hojas de menta, lima, azúcar y soda.

ROCKHOUSE HOTEL & SPA, NEGRIL, JAMAICA

N.º 5

Billy the Kid

FIFTY MILS
DEL FOUR SEASONS HOTEL MEXICO CITY,
CIUDAD DE MÉXICO, MÉXICO

INGREDIENTES

30 ml (1 fl oz) de bourbon Bulleit con *fat wash* de mantequilla*

30 ml (1 fl oz) de vodka Zubrowka

45 ml (1 ½ fl oz) de té de caramelo**

20 ml (2/3 fl oz) de zumo de lima

25 ml (¾ fl oz) de jarabe de canela y azafrán†

2 chorritos de amargo de Angostura

* *Para el bourbon Bulleit con* fat wash *de mantequilla (sale 1 litro [34 fl oz]):*

1 kg (2 lb 4 oz) de mantequilla derretida

750 ml (25 fl oz) de bourbon Bulleit

** *Para el té de caramelo (sale 1 litro [34 fl oz]):*

75 g (2 ½ oz) de rooibos, té de vainilla o de caramelo

1 litro (34 fl oz) de agua recién hervida

† *Para el jarabe de canela y azafrán (sale 1 litro [34 fl oz]):*

100 g (3 ½ oz) de ramas de canela

100 g (3 ½ oz) de azúcar

una pizca de azafrán

1 litro (34 fl oz) de agua

ELABORACIÓN

Para el bourbon Bulleit, combina los ingredientes, luego viértelos en un recipiente y congélalos toda la noche. Al día siguiente, retira la capa de grasa de mantequilla endurecida. Cuela el bourbon en una botella esterilizada.

Para el té de caramelo, combina los ingredientes y deja reposar 5 minutos, luego cuélalo y refrigéralo hasta su uso.

Para el jarabe, combina los ingredientes en un cazo y caliéntalos 5 minutos hasta que el azúcar se disuelva. Cuélalo en una botella esterilizada y refrigéralo hasta su uso.

Pon todos los ingredientes en la coctelera llena de hielo y agita con vigor. Cuela dos veces en una taza llena de cubitos grandes.

Ciudad de México abunda en bares sugestivos que la convierten en una de las capitales latinoamericanas de vida nocturna más seductora: antros secretos de coctelería refinada, cantinas sin alardes dedicadas a servir cervezas heladas y locales favoritos del barman como la Licorería Limantour.

El Fifty Mils, integrado en el hotel Four Seasons, al estilo de una hacienda, cerca del bosque de Chapultepec, donde los huéspedes son recibidos en un patio inundado de frutales, se inauguró en 2015, y enseguida fue reconocido como uno de los mejores bares de la ciudad donde saborear un cóctel. Aquí, las bebidas son complejas: para el Bugs Bunny, por ejemplo, se combina ginebra Tanqueray 10 con zumo de zanahoria, jarabe de caña de limón, cactus fresco y perfume de fernet; en el Ofrenda, se mezcla ron Zacapa 23 con pulpa de tamarindo, zumo de piña a la plancha y bíteres de hoja de aguacate. Incluso el Manhattan clásico se sirve con una floritura distintiva: se presenta encerrado en una capa de hielo que el barman rompe ante los ojos del cliente.

INGREDIENTES

45 ml (1 ½ fl oz) de mezcal Yola
25 ml (¾ fl oz) de zumo de lima recién
   exprimido
25 ml (¾ fl oz) de puré de mango
   (ideal si es Boiron o Perfect Purée)
15 ml (½ fl oz) de licor de albaricoque
   Giffard Abricot du Roussillon
7,5 ml (¼ fl oz) de Campari
7,5 ml (¼ fl oz) de jarabe de caña
   (2 partes de azúcar de caña
   orgánico y 1 parte de agua)
sal de chile*, para decorar
una rodaja y una cuña de lima,
   para decorar

Para la sal de chile:
1 cucharadita de condimento Tajín
   de chile y lima
½ cucharadita de pimienta cayena
½ cucharadita de azúcar

ELABORACIÓN

Pon todos los ingredientes en la coctelera llena de hielo y agita con vigor. Dispón la mezcla de sal de chile en un platito y moja con la cuña de lima la mitad del borde de un vaso corto. Pasa el borde del vaso por la sal de chile. Llena el vaso de hielo y cuela el cóctel. Decora con la rodaja de lima.

A menos que estés sentado en uno de los reservados rojos de Musso & Frank Grill, la pompa retro de Hollywood resulta esquiva en la actual Los Ángeles. Pero, saliendo de este restaurante fundado en 1919, a diez minutos pasando por Hollywood Boulevard, más allá de la sala de cine de los años veinte antiguamente conocida como Grauman's Chinese Theatre, se halla The Hollywood Roosevelt, un hotel donde es fácil imaginar a una ingenua Marilyn Monroe reclinada en un sillón del bar.

En 1929, dos años después de su inauguración, aquí se celebró la ceremonia de los Premios de la Academia en forma de pequeña cena privada. Las celebridades, como Clark Gable y Carole Lombard, que residió en lo que ahora es el ático, nunca dejaron de frecuentar el local. Aquel espíritu vertiginoso, reflejado a través de una lente contemporánea, es lo que transmite The Spare Room, donde los amigos comparten boles de ponche Nanu Nanu (coñac Pierre Ferrand, albaricoque, rooibos, piña especiada, limón y vino espumoso Domaine Chandon) antes de dirigirse a la bolera vintage.

Pasa el día ante una postal de palmeras en la piscina Tropicana, adornada con un mural subacuático pintado por David Hockney, y termina con una partida de dómino, acurrucado en uno de los sofás de The Spare Room con un Salt and Vinegar Martini, a base de vodka de patata y salmuera de zanahoria. Este es el estilo de vida despreocupado fuera de la pantalla que las desaparecidas estrellas sin duda aplaudirían.

N.º 6

Show Off

THE SPARE ROOM
DEL THE HOLLYWOOD ROOSEVELT,
LOS ÁNGELES, EE. UU.

Creado por Yael Vengroff

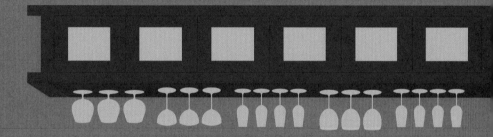

COCTELES DEL MUNDO

N.º 7

Esperanto

THE HAWTHORNE
DEL HOTEL
COMMONWEALTH,
BOSTON, EE. UU.

Creado por Jackson Cannon

INGREDIENTES

60 ml (2 fl oz) de Crema de Mezcal
Del Maguey
25 ml (¾ fl oz) de manzanilla La
Cigarrera
15 ml (½ fl oz) de vermut Carpano
Antica
unas gotas de bíter de naranja
Regans
tira de piel de limón

ELABORACIÓN

Añade todos los ingredientes
excepto la piel de limón al vaso
mezclador lleno de hielo y
remueve. Cuela en un vaso corto
refrigerado, retuerce la piel de
limón sobre la bebida para liberar
los aceites y deséchala.

Son afortunados los que, tras asistir a un
partido de los Red Sox en Fenway Park,
caminan unos minutos y llegan a Kenmore
Square para pasar la noche en el Hotel
Commonwealth.

Si son fans tradicionales, se dirigirán a
la sala de 65 metros cuadrados repleta de
recuerdos de béisbol. Aunque muchos otros
también se arremolinan aquí, sin el deporte ni
el descanso en mente, solo para tomar algo
en el bar The Hawthorne.

En este espacio que parece el salón
de un amigo artista, lleno de asientos con
cojines donde se combina a la perfección el
estampado de cebra con un naranja vivo, se
hacen con una carta de los cócteles del día
—tal vez un recatado Air Mail de champán de
mediados de siglo pasado, o un Grand Tour con
tequila reposado El Tesoro, jerez Amontillado,
piña y lima.

The Hawthorne abrió en 2011 de la mano
del incansable barman Jackson Cannon, un
entendido de bebidas, aficionado a la música
y los viajes, que primero afianzó la reputación
coctelera de la ciudad en el restaurante
Eastern Standard en 2005. También ubicada
en el Hotel Commonwealth, esta bulliciosa
brasserie es donde los aficionados a las ostras
piden daiquiris de plátano y Old Fashioned
de ron. Se puede considerar el modesto
Hawthorne, por tanto, la evolución de la misión
reveladora de Cannon.

EN EL CANDELERO:
DAVID ROCKWELL
la conexión entre el diseño en hostelería
y las artes del espectáculo

UNA
VELADA
EFÍMERA

La cartera de proyectos de Rockwell Group es amplia e incluye restaurantes, hoteles, comercios y productos. David Rockwell abrió este despacho de arquitectura y diseño ubicado en Nueva York en 1984, y también es conocido por su trabajo en la creación de escenarios teatrales para obras de Broadway, como She Loves Me *y* Kinky Boots. *Para Rockwell, como explica aquí, la conexión entre la esfera de la hostelería y las artes escénicas es potente. Tanto los bares de hotel, por ejemplo, como los escenarios existen en una especie de transitoriedad que permite al diseñador crear magia una y otra vez.*

El diseño es un filtro para examinar el mundo, y da forma a todo lo que hacemos. A menudo, las líneas que separan espacios no son tan rígidas como suponemos. El teatro y la hostelería, por ejemplo, se interrelacionan a diversos niveles, y esta relación simbiótica es el motor de nuestro trabajo. Como en cualquier actuación, enfocamos lo que diseñamos desde el punto de vista de la narrativa. Estamos contando una historia y confeccionando un punto de vista; un mundo singular específico para cada proyecto. En ambos casos, se exploran estructuras temporales, iluminación, conexión emocional, y se acentúa la atmosfera para lograr un impacto. Siempre nos preguntamos al iniciar un proyecto «¿Qué historia vamos a contar?», y la respuesta a esa pregunta es la base de cada decisión que se tome.

En el hotel Moxy Chelsea de Nueva York, por ejemplo, la historia del distrito de la flor conduce la impresión que producen los tres servicios que diseñamos. Se trata de una fusión moderna de elementos de inspiración botánica y futurismo italiano. The Fleur Room, un bar de azotea íntimo situado en el piso 35 del hotel, es uno de mis espacios favoritos. Una barra de bronce que recuerda el aire chic de las barras de Roma o Milán contrasta con notas florales como los ramos que adornan unos conos invertidos de resina. Estos detalles pueden pasar inadvertidos a muchos de los que se reúnen aquí, pero esto no significa que no queden fijados en su memoria, desencadenen sentimientos concretos o creen un efecto duradero en la experiencia de los huéspedes.

Los bares de hotel suelen ser el nexo de un espacio: el escenario. Es ahí donde tiene lugar la acción y, con frecuencia en solo 24 horas, pueden adquirir múltiples roles y fomentar diversidad de experiencias. Cuando creamos espacios comunes como estos, aplicamos muchos conceptos del diseño de platós.

Por ejemplo, el viaje del cliente puede seguir una especie de coreografía, otro elemento teatral. Un sendero a través de los espacios públicos del hotel con umbrales –momentos de transición– donde se produce la magia. Para el hotel Fairmont Royal York de Toronto y el restaurante Electric Lemon del Equinox Hotel de Nueva York, buscamos estos momentos de transición en el vestíbulo, permitiendo que trascendieran a las áreas de bar y descanso. Así se crea una sensación de movimiento; el bar es un mundo capaz de expandirse o contraerse en función del volumen o la ocasión.

CÓCTELES DEL MUNDO

N.º 8

Vieux Carré

CAROUSEL BAR & LOUNGE
DEL HOTEL MONTELEONE,
NUEVA ORLEANS, EE. UU.

INGREDIENTES

7,5 ml (¼ fl oz) de Bénédictine
7,5 ml (¼ fl oz) de coñac
15 ml (½ fl oz) de whisky
   de centeno Sazerac
7,5 ml (¼ fl oz) de vermut dulce
3 gotas de amargo de Angostura
3 gotas de bíter Peychaud
rizo de piel de limón, para decorar

ELABORACIÓN

Pon todos los ingredientes
excepto la piel de limón en un vaso
mezclador lleno de hielo y agita.
Cuela en un vaso Old Fashioned y
decora con el limón.

Tras haber presidido una fábrica de calzado siciliana, Antonio Monteleone, como muchos inmigrantes emprendedores de su época, se dirigió a América a la caza de grandes oportunidades. Se estableció en Nueva Orleans, donde acabó abriendo el Hotel Monteleone, con vistas al Royal Street del Barrio Francés (o Vieux Carré) en 1886. Se dice que el edificio, con piscina en lo alto, está hechizado, pero más allá de la fascinación paranormal, alberga el igualmente intrigante Carousel Bar & Lounge, donde la pieza central es un carrusel que parece sacado de un antiguo carnaval. En el interior del extravagante artilugio está la barra circular acompañada de 25 asientos coloridos tapizados con imágenes de animales circenses. Deliciosa e imperceptiblemente, cada 15 minutos se pone a rodar.

Aparte del truco simpático, el Carousel, que gira desde 1949, posee un luminoso pasado literario. Escritores como Truman Capote (su madre se puso de parto de él en este hotel), Tennessee Williams, William Faulkner y Eudora Welty lo visitaron en busca de inspiración. Artistas como Liberace y Louis Prima, después de sus actuaciones en el clausurado club nocturno del hotel, The Swan Room, también se subieron al Carousel.

Probar el cóctel Vieux Carré, inventado por el jefe de barra del hotel, Walter Bergeron, en 1938, es tan obligado como tomar un Sazerac cuando se visita esta ciudad apodada The Big Easy, y siguen siendo los combinados más pedidos al carismático barman Marvin Allen. Con ingredientes que remiten a Francia, Italia, el Caribe y los Estados Unidos, el Vieux Carré (que literalmente significa «Barrio Viejo», en homenaje al Barrio Francés) refleja una vital y multicultural Nueva Orleans.

N.º 9

Mint Julep

ROUND ROBIN BAR DEL
INTERCONTINENTAL THE WILLARD
WASHINGTON, D.C., EE. UU.

Adaptado por Jim Hewes

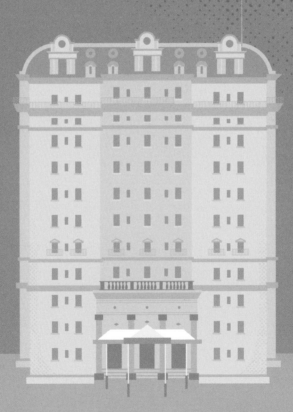

CÓCTELES DEL MUNDO

INGREDIENTES

60 ml (2 fl oz) de bourbon
4-6 hojas de menta fresca,
    más una ramita para decorar
1 cucharadita de azúcar
130 g (4 ½ oz / 1 taza) de hielo
    picado
30 ml (1 fl oz) de agua con gas
    San Pellegrino
una pizca de azúcar granulado
    o de caña, para decorar

ELABORACIÓN

Con una cuchara, muddler o el talón
de un cuchillo para mantequilla,
machaca suavemente las hojas de
menta con el azúcar y la mitad del
bourbon en un vaso Pilsner o una
copa de coñac durante un minuto,
más o menos, hasta formar un «té».
Añade la mitad del hielo y remueve de
nuevo, luego acaba de llenar el vaso
con el resto del hielo, compactándolo
todo. Vierte el resto del bourbon y
el agua con gas, luego decora con la
ramita de menta y el azúcar.

El Willard, punto de referencia en Pennsylvania
Avenue, a pocos minutos de la Casa Blanca,
es desde hace tiempo uno de los locales de
reunión de los políticos más destacados de
la capital. Desde 1847, el bar Round Robin (en
el entonces llamado Willard's City Hotel) lleva
sirviendo cócteles para personajes como Mark
Twain y Walt Whitman —este último incluso
se refirió al «suntuoso» bar del Willard en
una arenga dirigida a las tropas unionistas—,
además de innumerables empleados
ávidos de cotilleos de empresas y grupos de
presión y administraciones presidenciales
norteamericanas del pasado.

Jim Hewes empezó como encargado tras
la barra de caoba pulida en 1986, cuando el
hotel reabrió en plena época del conservador
Ronald Reagan. Jim es tan buen historiador
como habilidoso barman, y a él se debe la
modificación del querido Mint Julep. Los
revestimientos decorativos de piel y roble y
las paredes verdes forradas de retratos de
personalidades de antaño como Woodrow
Wilson, con un Papa Doble (Hemingway
Daiquiri) o un Bee's Knees de la Ley Seca,
evocan un fascinante ambiente de reuniones
encubiertas y discurso político.

EL ESTADISTA DECIMONÓNICO DE KENTUCKY HENRY CLAY
SE ENCANDILÓ CON EL MINT JULEP Y LO PRESENTÓ EN
WASHINGTON EN EL ROUND ROBIN. EN VERANO, EL BAR SIGUE
SIRVIENDO EL REFRESCANTE CÓCTEL QUE YA ES SINÓNIMO DE
VELADAS DE DERBI. AUNQUE EN SU MAYORÍA DE VERSIONES SE
SIRVE EN VASO METÁLICO, EN EL ROUND ROBIN PREFIEREN UN
VASO CERVECERO O COPA DE COÑAC PARA QUE SU BELLEZA
LUZCA MÁS.

N.º 10

Bloody Mary

KING COLE BAR
DEL ST. REGIS NEW YORK,
NUEVA YORK, EE. UU.

INGREDIENTES

30 ml (1 fl oz) de vodka
60 ml (2 fl oz) de zumo de tomate
unas gotas de zumo de limón
   recién exprimido
2 pizcas de sal de apio
2 pizcas de pimienta negra
2 pizcas de pimienta cayena
3 chorritos de salsa
   Worcestershire
cuña de limón, para decorar

ELABORACIÓN

Pon todos los ingredientes en la
coctelera llena de hielo y agita con
vigor. Cuela en un vaso largo lleno
de hielo y decora con el limón.

El adinerado John Jacob Astor IV, el magnate
que pereció en el hundimiento del *Titanic*,
inauguró The St. Regis New York en 1904.
Este despliegue de estilo Beaux Arts de
mármol y candelabros Waterford de cristal se
ubicaba en una zona entonces residencial de
la ciudad, muy a pesar de los residentes de
Vanderbilt Row. Sentado en el King Cole Bar,
abierto en el St. Regis en 1932, es probable
que el combinado preparado con destreza que
tengas ante ti sea un Bloody Mary, un cóctel
con frecuencia reservado sin merecerlo a los
festines de brunch.

   El King Cole Bar se considera el lugar de
nacimiento, pasada la Ley Seca, del Bloody
Mary o, mejor dicho, el Red Snapper. Cuando
la bebida debutó aquí, se bautizó con este
nombre más digno para tranquilizar a los
huéspedes más presuntuosos del hotel. Y
desde entonces se conoce así.

   Como ritual de paso, se puede pedir este
cóctel al anochecer, aderezado con limón y
una ramita de apio, bastoncitos de pepinillo
y aceitunas: guarniciones toscas e intrusivas
que con demasiada frecuencia arruinan un
Bloody Mary.

   Cuestiones de etiqueta aparte, la sala
asombra con un mural de Maxfield Parrish
colgado sobre el bar, saturado de detalles
que remiten al personaje de la canción
popular infantil *Old King Cole*. Inicialmente
encargado para el hotel Knickerbocker de
Astor, el rey acomodado en su trono enfatiza
la fanfarronería de Astor, con quien guarda un
gran parecido.

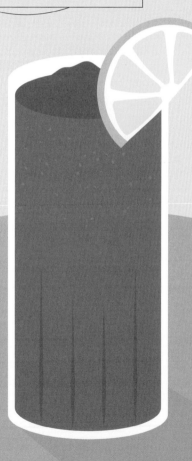

FERNAND PÉTIOT, EL SUPUESTO INVENTOR
DEL CÓCTEL DE ZUMO DE TOMATE CON
VODKA, COMENZÓ A SERVIRLO A LOS
REFINADOS CLIENTES DEL BAR KING COLE
EN 1934. SE BAUTIZÓ COMO RED SNAPPER,
UN NOMBRE MÁS ELEGANTE QUE EL TORPE
BLOODY MARY.

LAS AMÉRICAS

N.º 11

Loisaida Avenue

BARES THE NOMAD
Y THE ELEPHANT
DEL HOTEL NOMAD,
NUEVA YORK, EE. UU.

Creado por Leo Robitschek

INGREDIENTES

15 ml (½ fl oz) de sirope básico (p. 11)
15 ml (½ fl oz) de Chartreuse verde
25 ml (¾ fl oz) de zumo de limón recién exprimido
25 ml (¾ fl oz) de mezcal Sombra
25 ml (¾ fl oz) de tequila con infusión de jalapeño*
unas gotas de amargo de Angostura, para decorar

*** *Para el tequila con infusión de jalapeño (salen 750 ml / 25 fl oz):***
3 jalapeños medianos, en dados
1 botella de 750 ml (25 fl oz) de tequila Excellia Blanco

ELABORACIÓN

Para el tequila con infusión de jalapeño, pon a remojar los jalapeños en el tequila durante 5 minutos. Prueba la mezcla para que tenga el punto picante deseado; si lo prefieres más picante, déjalo más tiempo en remojo. Cuela en un recipiente hermético esterilizado: se conserva indefinidamente en el frigorífico.

Para preparar el cóctel, pon todos los ingredientes excepto los bíteres en la coctelera llena de hielo y agita con vigor. Cuela en una copa Nick & Nora, y remata con unas gotas de amargo de Angostura.

En 2012, los magos de la hostelería de Sydell Group (The Line, The Ned, Saguaro) impresionaron a los neoyorquinos con el NoMad: la renovación en 2012 de un edificio de estilo Beaux Arts situado en Manhattan, en el barrio Madison Square North. Aunque los visitantes no lleguen a ver las habitaciones, diseñadas por Jacques Garcia, que recuerdan una segunda vivienda parisina con bañeras exentas sobre patas de garra y cortinas de terciopelo y damasco, sí pueden visitar la penumbra de la biblioteca, con una escalera de caracol importada del sur de Francia que conecta los dos pisos de paredes forradas de volúmenes. También el restaurante epónimo, donde es típico el pollo para dos relleno de trufa negra y foie gras en brioche.

El bar NoMad, con aires de taberna peripuesta donde se sirven hamburguesas de carne de vacuno madurada en seco a juego, y el bar Elephant, un remolino de caoba y piel que invita al copeo, son igual de románticos, y los frecuentan por igual huéspedes del hotel y vecinos en busca de algunos de los cócteles mejor elaborados de la ciudad. Indicando debilidad por lo salado, estas creaciones incorporan hábilmente ingredientes como tequila infusionado con aceite de oliva, yogur de oveja y rábano picante. A pesar del crecimiento de la marca NoMad, con su expansión a Los Ángeles, Las Vegas y Londres, el establecimiento original neoyorquino se sigue manteniendo intemporal y lleno de energía a la vez.

EN EL CANDELERO:
HABLAN LOS SABIOS
algunos pesos pesados del sector
discurren sobre los bares de hotel

LA MAGIA DEL BAR DE HOTEL

«Históricamente, el hotel era un simple lugar donde descansar; destinado solo para sus huéspedes. Ahora, sin embargo, se ha convertido en un espacio social: un sitio donde todo el mundo puede reunirse. Esto se debe en gran parte al bar de hotel, de atracción universal. Los bares legendarios de los años veinte del siglo pasado marcaron el carácter de los bares de hotel: accesibles y cómodos, y al mismo tiempo glamurosos y con cierta intriga. Siempre he pretendido que el bar de hotel sea especial y represente un destino por sí solo. Incorporando aspectos como una entrada separada y un concepto diferenciado del hotel, el bar es singular y atrayente; un lugar excitante.»

Martin Brudnizki, fundador del despacho Martin Brudnizksi Design Studio, encargado de bares como The Coral Room del hotel Bloomsbury de Londres; The Bar Room del Beekman, A Thompson Hotel, de Nueva York; y del Doyle del hotel Dupont Circle de Washington, D. C.

. . . .

«Parte de la fascinación de los bares de hotel proviene de que allí todo es posible. La mezcla de gente que ha pasado antes por ellos, los que se encuentran de viaje o los que se relajan tras un día de trabajo lejos de casa. Todos se muestran más dispuestos a conversar con el vecino, más atrevidos al pedir las bebidas. A veces me da la sensación de que ponen a prueba una versión diferente de sí mismos. En el Dear Irving on Hudson, forma parte de nuestra filosofía recordar el primer viaje para el que ahorramos, a sabiendas de que vamos a conocer a muchas personas que visitan Nueva York por primera vez y no pueden mostrarse tal como son en su casa pero aquí se sienten realizados, aunque sea durante uno o dos días. El deseo de marcar de forma positiva el viaje o su recuerdo es parte de nuestra motivación. En los bares de hotel también aterrizan huéspedes al final del día y nos cuentan sus aventuras mientras toman una copa relajados.»

Meaghan Dorman, jefa de bar del Raines Law Room y el Dear Irving de Nueva York, y del Raines Law Room del hotel William y el Dear Irving on Hudson del hotel Aliz Times Square.

. . . .

«Para mí, abrir un bar tropical en un hotel fue un acto de resurrección: en la época dorada del bar tropical, los años cincuenta y sesenta, algunos de los mejores se encontraban en hoteles. La cadena The Trader Vic tenía restaurantes en los Hilton de Estados Unidos y Europa; la cadena Kon-Tiki Ports abrió fastuosos palacios polinesios millonarios, con cascadas y lagos en sus comedores, en los hoteles Sheraton; e incluso los hoteles Marriott disponían de su propia cadena tiki, la Kona Kai. En un hotel, uno se puede sentir transportado, y en un bar de hotel con ambientación tropical, aún más.»

Jeff «Beachbum» Berry, autor, historiador y propietario del Latitude 29 del hotel Bienville House de Nueva Orleans.

. . . .

«El Grupo Habita, sin siquiera saberlo, inventó el bar de piscina de azotea en 2000. Antes del

Standard, Downtown LA, Soho House New York o Fasano en Río, habíamos descubierto una nueva manera de ir al bar. Todo empezó en Ciudad de México, en un bar situado en la azotea, junto a una piscina y un ambiente festivo. El bar del Hotel Habita, con su gran pantalla de proyección en la pared del edificio de enfrente, no solo cambió la manera de salir de fiesta en Ciudad de México, sino que además inspiró a otros grupos hoteleros para cambiar el diseño y concepción de los espacios de ocio nocturno. Los bares pasaron de ser oscuros sótanos a espacios abiertos, en lo alto de un edificio, junto a una piscina. La moda sigue vigente. En nuestra opinión, un gran bar se consigue con cuatro ingredientes: iluminación singular, bebidas ingeniosas, buena música y una clientela atractiva. El éxito poco tiene que ver con su diseño. Nuestros hoteles son famosos por su ambiente. No cesamos de reinventarnos.»

Carlos Couturier, cofundador y director creativo del Grupo Habita, en Ciudad de México, la firma que ha revolucionado el concepto de hotel boutique.

· · · · · · · · · · · ·

«El bar de hotel ofrece anonimato. Aunque seas un cliente habitual y te alojes allí unas cuantas veces al año, no es para nada el bar de tu barrio. Allí eres quien digas ser. Bebes de otra manera. No te da apuro pedir tu cóctel clásico favorito, aunque sea alternativo. Confías en el barman. Es sorprendente, tras servir a artistas y políticos famosos durante años, que las experiencias que más recuerdo son las de clientes con historias familiares relacionadas con el Waldorf Astoria de Nueva

York, anécdotas personales: alguien cuyos abuelos se conocieron en una cita a ciegas bajo el reloj del vestíbulo; un matrimonio que se conoció allí durante una gala benéfica; un hombre de negocios de éxito cuyas primeras reuniones tenían lugar en el vestíbulo porque no podía permitirse una oficina; cosas que no podrían haber ocurrido en otros establecimientos.»

Frank Caiafa, escritor y jefe de bebidas del bar Stayton Room del Lexington Hotel, Autograph Collection, de Nueva York, y antiguo jefe del bar del Peacock Alley y La Chine del Waldorf Astoria.

· · · · · · · · · · · ·

«Creo que el Bemelmans triunfó no solo por el éxito de su carta de cócteles, sino por el ambiente de trabajo creado. Creo que la verdadera hospitalidad empieza en casa, con los colegas con que trabajas a diario. Era la primera vez que trabajaba bajo las directrices que el sindicato dictaba en Manhattan respecto al tipo de servicio prestado al cliente. En el Bemelmans servían caballeros que llevaban años formando equipo –dos de ellos más de 50 años–, y habían servido al presidente Truman. La atención y el cuidado de los trabajadores son la clave del éxito de mis equipos a lo largo de los años. Cuidaba a aquellos caballeros como si fueran de mi propia sangre. Les brindaba sinceridad, confianza y humanidad, y a cambio ellos me ofrecían exactamente lo mismo.»

Audrey Saunders, propietaria del antiguo Pegu Club de Nueva York y antiguo jefe de bebidas del bar Bemelmans.

iluminación singular

...

bebidas ingeniosas

...

buena música

...

clientela atractiva

CÓCTELES DEL MUNDO

N.º 12

Passion Royale

BAR BEMELMANS
DEL CARLYLE,
NUEVA YORK, EE. UU.

INGREDIENTES

90 ml (3 fl oz) de X-Rated Fusion
   Liqueur
champán Canard-Duchêne, para
   llenar
¼ de lima, para exprimir

ELABORACIÓN

Llena una copa Martini refrigerada
con un puñado de hielo picado y
vierte el vodka de maracuyá. Añade
un chorrito de champán Canard-
Duchêne y exprime la lima encima,
y déjala dentro del cóctel para
decorar.

Ludwig Bemelmans es sin duda más conocido por *Madeline*, la encantadora serie de libros infantiles publicada en 1939, con su atrevida protagonista de capucha roja. El autor e ilustrador austríaco era también un pintor de talento: a cambio de alojamiento, a mediados de la década de 1940 se encargó de decorar con murales las paredes del nuevo bar del hotel Carlyle. El hotel abrió en 1931 y las pinturas de globos y parasoles de Bemelmans evocan el encanto de Central Park y entretejen viñetas como la del conejo fumando un puro en alegre yuxtaposición con los elementos modernistas como el techo de vidrio negro y dorado.

El Bemelmans Bar, con su nombre tan apropiado, se inauguró en 1947. Es el único lugar donde el público aún puede admirar la obra del artista. Es también uno de los pocos locales donde el Upper East Side parece congelado en un tiempo glorioso, donde los leales clientes piden Vespers, Luxury Sidecars y Whiskey Smashes una y otra vez, y tras una noche de cabaret en el Café Carlyle del hotel, se hunden en uno de los sillones de piel para soltar un último hurra al son del piano.

N.º 13

Macadamia Nut Sour

BACCHUS PIANO LOUNGE
DEL WEDGEWOOD HOTEL
& SPA, VANCOUVER

INGREDIENTES

40 ml (1 ¼ fl oz) de licor
   de macadamia
25 ml (¾ fl oz) de zumo de limón
   recién exprimido
15 ml (½ fl oz) de sirope básico
   (p. 11)
1 clara de huevo
2 chorritos de amargo
   de Angostura
1 cereza Guinette, para decorar

ELABORACIÓN

Pon todos los ingredientes en la
coctelera y agita, luego añádele
hielo y agita con vigor. Cuela en un
vaso corto y decora con una cereza
Guinette.

Allá por 1984, la fallecida Eleni Skalbania,
de origen griego, abrió el Wedgewood
Hotel & Spa en el centro de Vancouver.
Aquí, frente a la Galería de Arte de Vancouver
y el entonces nuevo lugar de encuentro
Robson Square, dignatarios y famosos podían
registrarse con discreción en un hotel de estilo
europeo tan confortable como la casa señorial
de Cotswolds. Más de 35 años después, el
negocio familiar del Wedgewood, con sus
lámparas con flecos, mobiliario tapizado,
múltiples antigüedades y objetos de madera
de cerezo, no ha perdido una pizca de su
gracia.

El Bacchus Piano Lounge –la zona más
relajada pero no menos elegante del Bacchus,
el restaurante donde ingredientes de la Costa
Oeste americana se preparan a la francesa–
da la bienvenida con un enorme óleo del dios
romano del vino y el hedonismo que le da
nombre. De día, los sinuosos reservados
de color rojo acogen clientes que toman el té.
Al caer la noche, lo que capta la atención es
la carta de cócteles clásicos, sorbidos al son
de música en directo. Los martinis abundan,
como el que funciona casi como postre, el
Red Satin Slip, con vodka, licor de frambuesa,
arándano rojo y lima.

LAS AMÉRICAS

EUROPA

53

EUROPA

Cuando tres audaces antiguos compañeros de colegio abrieron el Experimental Cocktail Club en París en 2007, se desató una cultura coctelera moderna en una ciudad donde los éxitos en este campo se limitaban a hoteles refinados. Enseguida surgieron locales parecidos en Londres y Nueva York antes de que el grupo se extendiera a hoteles, como el Grand Pigalle de París y el Henrietta del Covent Garden de Londres. El Experimental Group ahora cuenta con un chalet en Verbier, un *palazzo* veneciano y una finca en Menorca; y en todos ellos sirven los asombrosos cócteles que han dado fama a la cadena. Conceptos contemporáneos como este florecen (y son bien acogidos) en todo el continente. Incluso Londres, una ciudad con un carisma particular en lo concerniente a los cócteles clásicos, se ha abierto a sorprender a los clientes con creaciones imprevisiblemente bien ejecutadas. Pero los bares de siempre, de pañuelos de bolsillo, magnates aficionados al whisky escocés y celebridades bronceadas, siguen afortunadamente existiendo.

N.º 14

Hanky Panky

AMERICAN BAR
DEL SAVOY,
LONDRES, REINO UNIDO

Creado por Ada Coleman

INGREDIENTES

45 ml (1 ½ fl oz) de London Dry Gin
45 ml (1 ½ fl oz) de vermut rojo
   dulce
7,5 ml (¼ fl oz) oz) de Fernet Branca
rizo de piel de naranja,
   para decorar

ELABORACIÓN

Remueve todos los ingredientes en
el vaso mezclador lleno de hielo.
Cuela en una copa Pompadour y
remata con la piel de naranja.

Basta echar un vistazo al Thames Foyer, con su clientela sentada tomando el té de las cinco bajo una cúpula de cristal, para saber que el Savoy —antiguo lugar de recreo de Sarah Bernhardt, George Gershwin o Judy Garland, y el primer hotel de Londres con ascensores hidráulicos— sigue tan luminoso como cuando el empresario teatral Richard D'Oyly Carte lo inauguró en 1889. Un año después, el célebre hotelero César Ritz se unió al equipo como director general. Una de las razones más tentadoras para entrar en el hotel, mezcla de estilo eduardiano y modernista y situado en el Covent Garden, es el American Bar, con forma de piano de cola, abierto desde la década de 1890 (desde 1904 en este lugar).

Las mujeres que bebían eran pocas en 1903, cuando Ada Coleman fue nombrada jefa de bar, puesto que conservó más de dos décadas. Junto con Harry Craddock, el barman que reunió las recetas para el libro *The Savoy Cocktail Book* (1930), forjaron la reputación del American Bar. Más recientemente, bármanes como Peter Dorelli y Erik Lorincz han sabido mantenerla. Prueba un Savoy Songbook, homenaje a músicos como Aretha Franklin y Elvis Presley, y luego pide un White Lady. Con el piano de fondo, vivirás un instante de romance a la antigua.

COLEMAN EMPEZÓ EN EL CLARIDGE
ANTES DE LLEGAR A JEFA DE BAR DEL
AMERICAN BAR DEL SAVOY, CON
TANTO ESTILO COMO EL PRIMERO.
UN GRAN LOGRO EN UNA ÉPOCA EN
QUE LAS MUJERES SE CONSIDERABAN
MERAS CAMARERAS. «COLEY»,
COMO LA LLAMABAN, AFICIONADA
AL TEATRO, ATENDIÓ A CLIENTES
DESTACADOS COMO EL PRÍNCIPE
DE GALES Y MARK TWAIN CON
HABILIDAD Y HUMOR DURANTE
23 AÑOS. SU CREACIÓN MÁS FAMOSA
ES, SIN DUDA, EL HANKY PANKY,
QUE PREPARÓ CUANDO SIR CHARLES
HAWTREY LE DIJO: «ESTOY MEDIO
MUERTO; HAZ ALGO PARA HACERME
SENTIR VIVO DE NUEVO». AL DÍA
SIGUIENTE, SIR CHARLES REGRESÓ
Y LE PIDIÓ…

«un poco más de ese *hanky-panky*».

N.º 15

White Mouse

AMERICAN BAR
DEL STAFFORD LONDON,
LONDRES, REINO UNIDO

INGREDIENTES

50 ml (1 ¾ fl oz) de ginebra Gabriel
  Boudier Saffron
25 ml (¾ fl oz) de zumo de limón
  recién exprimido
15 ml (½ fl oz) de sirope
  de romero*
10 ml (⅓ fl oz) de clara de huevo
champán, para llenar
ramita de romero, para decorar

* *Para el sirope de romero*
500 ml (17 fl oz) de agua
500 g (1 lb 2 oz) de azúcar
manojo de romero fresco

ELABORACIÓN

Para el sirope de romero, pon el
agua y el azúcar en un cazo, y
caliéntalo hasta que el azúcar se
disuelva. Añade el romero y lleva a
ebullición, luego vierte la mezcla
en un tarro de cristal esterilizado y
deja enfriar.
  Para preparar el cóctel, agita
la ginebra, el zumo de limón, el
sirope de romero y la clara de
huevo en la coctelera. Añade
hielo y agita de nuevo. Cuela en
una copa Pompadour y acaba de
llenarla con champán. Decora con
una ramita de romero.

Alejado del bullicio de Piccadilly, lo primero
que llama la atención al entrar en el Stafford
London es lo deliciosamente tranquilo
que está. Construido en el siglo XVII como
residencia privada digna de un lord, abrió
en 1912. Es un establecimiento rico en
ornamentos de la época victoriana, y los
huéspedes se alojan en lo que fueron los
establos, en habitaciones que dan a un patio
adoquinado, todo con un aire más de mansión
noble que de hotel. Durante la Segunda
Guerra Mundial, fue un lugar de encuentro
de oficiales norteamericanos y canadienses,
y sus laberínticas bodegas —una reliquia
del siglo XVII— sirvieron como refugio contra
ataques aéreos.
  En el American Bar, donde el jefe de bar
Benoit Provost —un fijo desde 1993— es el
gallardo anfitrión, fotos autografiadas y una
mezcla de gorras de béisbol, banderitas y
aviones de modelismo que cuelgan del techo
aluden a un colorido pasado. Nancy Wake,
espía de los Aliados, frecuentó el bar y ahora
hay un cóctel en su honor llamado White
Mouse, como la apodaban que los alemanes.
A pesar del elemento kitsch, el American
Bar tiene clase: se combina el mármol con la
madera de caoba como en uno de los clubes
privados Saint James.

N.º 16

Mulata Daisy

CONNAUGHT BAR
DEL CONNAUGHT,
LONDRES, REINO UNIDO

Creado por Ago Perrone

INGREDIENTES

40 ml (1⅓ fl oz) de ron Bacardí
    Superior
20 ml (⅔ fl oz) de zumo de lima
    recién exprimido
1 cucharadita de azúcar glas
½ cucharadita de semillas de hinojo
20 ml (⅔ fl oz) de licor de cacao
    oscuro
10 ml (⅓ fl oz) de Galliano
cacao en polvo, para decorar

ELABORACIÓN

Pon todos los ingredientes en la
coctelera llena de hielo y agita con
vigor. Decora el borde de una copa
Pompadour pasándolo por el cacao
en polvo. Cuela dos veces el cóctel
y viértelo en la copa.

Cuesta resistirse a cualquier cosa servida
en una estancia diseñada por el fallecido
David Collins, y el Connaught Bar no es una
excepción. En el carrito de las bebidas se
prepara un Martini Tanqueray Núm. 10 a
medida, y sigue su recorrido con un fondo
de paredes forradas de madera de roble
animadas por láminas plateadas con paneles
de tela que forman figuras cubistas. El
Faraway Collins, una versión del típico Tom
Collins (ginebra Star of Bombay, zarzaparrilla,
zumo de yuzu, sirope básico de eucalipto
casero), es igual de exquisito.

El bar abrió en 2008 con Ago Perrone al
timón y, reflejando el equilibrado diseño
interior, ni se aparta de lo experimental ni
rompe con el pasado. Cómo iba a hacerlo, si
el Connaught, abierto en 1897, goza de uno
tan espléndido como sus establecimientos
hermanos, The Berkeley y Claridge's. Esta
institución del barrio londinense de Mayfair,
donde se alojaba Charles de Gaulle, nos
transporta a una tranquila casa de campo,
y su escalera enmoquetada con pasamanos
de madera lustrosa es una joya. Fíjate en la
enorme colección de arte, salpicada de obras
de artistas de la talla de Louise Bourgeois y
Julian Opie.

EUROPA

EN EL CANDELERO:
ARQUITECTURA RELEVANTE
un rico legado de arquitectura y diseño enriquecen el ambiente de un bar.
Visita estos hoteles con una memorable decoración.

BUEN ESQUELETO

Four Seasons Hotel Gresham Palace Budapest, Hungría: Una obra maestra del modernismo de 1906, en origen construido para la aseguradora Gresham Life Assurance Company por Zsigmond Quittner y Jozsef Vago. Mantiene características del estilo secesionista, como los azulejos de cerámica Zsolnay, vidrio emplomado de Miksa Roth y puertas con pavos reales de hierro forjado. Admíralo todo antes de tomar un Smoky Forest (mezcal, naranja sanguina, pino) en el KOLLÁZS.

The Merchant Hotel, Belfast, Irlanda del Norte: El viejo edificio de piedra arenisca del Ulster Bank en el barrio Cathedral Quarter de Belfast es una maravilla victoriana, restaurado al estilo renacentista, con figuras esculpidas en la fachada. Hoy, alberga el Merchant Hotel, que mantiene los frisos y las columnas corintias originales. En el Cocktail Bar, donde aún se sirven clásicos como el Bramble and Grasshopper, una antigua chimenea y candelabros de bacará recuerdan al visitante las raíces decimonónicas del espacio.

Hotel Metropole, Bruselas, Bélgica: Al atravesar la entrada principal renacentista del Metropole y seguir por el vestíbulo con columnas de estilo imperial, las ventanas de vidrio emplomado y la carpintería de caoba nos transportan a la década de 1890, cuando el arquitecto francés Alban Chambon completó el hotel, más conocido como Café Metropole. Aquí, los clientes admiran la decoración *art nouveau* desde alguna mesa mientras toman un sencillo Black Russian con vodka y licor de café. A Gustave Tops, veterano barman del hotel, se le atribuye la invención del cóctel en 1949, en honor al embajador estadounidense de Luxemburgo.

Delano South Beach, Miami, EE. UU.: El gigantesco tablero de ajedrez de Philippe Starck dispuesto en el jardín es lo que la mayoría de huéspedes recuerda. Pero la huella surrealista del diseñador se extiende por todo el hotel, como el desproporcionado sofá rosa en el vestíbulo o el billar de estilo victoriano. Ian Schrager abrió el Delano en 1995, decidido a dinamizar una zona sórdida de South Beach. Schrager ya no es el responsable, pero tras un Piquant Paloma (tequila blanco Don Julio, Ancho Reyes, zumo de pomelo, sirope de agave) en el Rose Bar, queda claro que el atrevido color rosa del bar elegido por el hotelero es otra victoria con estilo.

The Dewberry Charleston, Carolina del Sur, EE. UU.: Al beber tu Dark as Night (coñac Pierre Ferrand Ambre, Barolo Chinato, licor austríaco de nueces) en el salón del Dewberry Charleston, esperas que a alguien se le caiga del bolsillo del traje una pitillera en cualquier momento. El bar, con sus libros, madera de cerezo y radiante barra cobriza, parece sacado del guion de una película de mediados del siglo pasado: un guiño a los días del hotel como edificio federal L. Mendel Rivers (erigido en 1964).

Hilton Sydney, Australia: En el sótano del Hilton Sydney, el Marble Bar es un local animado lleno de residentes que acuden para relajarse con música en directo y un Autumn in New York (tequila, licor de manzana, manzana, agave, cítricos). Pero los que prestan atención, se dan cuenta de que se encuentran además en una de las salas más imponentes de la ciudad. Un espacio de mármol y cedro coronado con un techo de molduras de yeso que —tras desmantelar el bar original, abierto en 1893, de estilo renacentista y homónimo— se recolocó aquí, pieza a pieza, en 1968.

N.º 17

La Violetera

1912 MUSEO BAR
DEL WESTIN PALACE,
MADRID, ESPAÑA

INGREDIENTES

50 ml (1 ¾ fl oz) de vodka
  Belvedere
30 ml (1 fl oz) de saborizante
  de violeta Monin (con licor de
  violeta se obtiene una textura
  más sedosa)
20 ml (⅔ fl oz) de zumo de pomelo
  (el pomelo rosado resulta
  también delicioso)
15 ml (½ fl oz) de saborizante
  de arándano Monin (el bar usa
  20 ml [⅔ fl oz], pero mejora con
  menos)
hojas de menta fresca, para
  decorar

ELABORACIÓN

Pon todos los ingredientes en la
coctelera llena de hielo y agita.
Cuela en un vaso Old Fashioned
lleno de hielo picado y decora con
hojas de menta.

Ernest Hemingway era un ávido fan del Prado, probablemente uno de los museos más notables del mundo, de modo que cuando estaba en Madrid le gustaba alojarse justo enfrente, en el Hotel Palace. Inevitablemente, tras las excursiones artísticas, tocaba un Martini en el bar del Palace, que aparece en su novela *Fiesta*, de 1926. Pablo Picasso y poetas como Federico García Lorca, que formaban la destacada Generación del 27, también eran aficionados a venir aquí.

Ahora llamado Westin Palace, el hotel abrió en 1912 en los que fueran terrenos palaciegos bajo el mandato de Alfonso XIII, que ansiaba dar a la ciudad una construcción moderna. Su interesante historia –durante la Guerra Civil, por ejemplo, sirvió como hospital– se aprecia bien desde el bar 1912 Museo (antiguo bar del Palace), mientras se disfruta de un efervescente Ginger Collins. Con paredes forradas de madera y butacas verdes, se asemeja a una biblioteca, con infinidad de volúmenes para leer. Copas de plata utilizadas por el rey para brindar en la inauguración del hotel y una carta adornada con garabatos de Salvador Dalí son parte de la rica herencia cultural de este lugar.

PALACE HOTEL

EUROPA

N.º 18

Calorosa

LE BAR AMÉRICAIN
DEL HÔTEL DE PARIS
MONTE-CARLO, MÓNACO

Creado por Ghisolfi Lorenzo

INGREDIENTES

1 semilla de chile
50 ml (1 ¾ fl oz) de Aperol
25 ml (¾ fl oz) de ginebra Bombay
25 ml (¾ fl oz) de limoncello
25 ml (¾ fl oz) de zumo de limón
   recién exprimido
50 ml (1 ¾ fl oz) de zumo de
   maracuyá
15 ml (½ fl oz) de clara de huevo
tira de pimiento confitada (o tira
   de pimiento rojo dulce natural),
   para decorar

ELABORACIÓN

Chafa la semilla en el fondo de la
coctelera, luego añade los demás
ingredientes y agita. Cuela en una
copa Pompadour y decora con la
tira de pimiento.

Para muchos, Mónaco es un cuento de hadas habitado por la realeza, un enclave soleado de grandiosa riqueza. Una visita al principado de la Riviera Francesa es sorprendente, porque a pesar del derroche de superficies doradas y cuentas bancarias suculentas, se trata de un lugar más relajado que altanero. En Le Bar Américain, situado dentro del Belle Époque Hôtel de Paris Monte-Carlo, triunfa el equilibrio entre lo opulento y lo sencillo. El hotel, abierto en 1864, se renovó en profundidad y reabrió en 2018, con dos suites que fueron codiseñadas por el príncipe Alberto II en honor a sus padres, el príncipe Rainiero III y la princesa Grace Kelly.

Le Bar Américain disfruta de una terraza sobre el Mediterráneo, pero el interior, tenuemente iluminado, es igual de hipnótico, con espejos, cortinajes y botellas de licor metidas bajo arcos, todo ello para crear un ambiente de glamur retro difícil de encontrar. A pocos pasos de la Place du Casino, el bar acoge, a buen seguro, a más de un despilfarrador apoltronado en sus butacas de piel. También ellos se deleitan con sus Duhamel (ron Goslings, sidra, jengibre, cardamomo, lima, manzana verde) al son del jazz en directo.

N.º 19

Meurice Millennium

BAR 228 DE LE MEURICE, PARÍS, FRANCIA

Creado por William Oliveri

INGREDIENTES

20 ml (⅔ fl oz) de Cointreau
10 ml (⅓ fl oz) de licor de rosa
130 ml (4 ⅓ fl oz) champán rosado
tira de piel de naranja, para decorar

ELABORACIÓN

Añade el Cointreau y el licor de rosa
en una copa flauta. Acaba de llenar
con el champán y decora con la piel
de naranja.

Tras un tiempo en la rue Saint-Honoré, Le Meurice se trasladó a la rue de Rivoli en 1835, enamorando a los turistas británicos pudientes con una ubicación frente al jardín de las Tullerías y sus bellas arcadas inferiores. Con amplios apartamentos, salas para fumar y leer, y cenas privadas que ofrecía el establecimiento entonces, no es de extrañar que Le Meurice se convirtiera en uno de los favoritos de la realeza —empezando por la reina Victoria, que lo visitó en 1855—. Le Meurice, el primer hotel de París que alardeó de teléfonos y baños en todas las habitaciones, conserva su tónica de lujo decimonónico, empezando con su vestíbulo dorado —puesto al día con un espejo esmerilado y butacas de estilo Luis XVI actualizado inspiradas por Salvador Dalí, cliente asiduo del hotel— que conduce al penumbroso Bar 228.

No es el cubil original de 1936, y el excéntrico diseñador Philippe Starck ha decorado el local con cobre rosado, latón y acero inoxidable, pero el ensoñador techo pintado y los frescos de principios del siglo XX obra de Alexandre Claude Louis Lavalley le remiten a uno a una época en que huéspedes como Rudyard Kipling y Ginger Rogers tomaban sus copas en el hotel.

William Oliveri dirigió el bar de Le Meurice durante décadas, atiborrando a los clientes con cócteles burbujeantes y martinis hasta que se retiró. La siguiente generación de bármanes, por fortuna, sigue intensificando la impresión de que estás, efectivamente, en un sitio especial. Cuando el hotel reabrió en 2000 después de una brillante reforma, el cóctel de celebración de Oliveri pasó al menú. Es aclamado desde entonces.

EUROPA

BAR HEMINGWAY
PARÍS, FRANCIA

CÓCTELES DEL MUNDO

N.º 20

The Serendipity

BAR HEMINGWAY
DEL HÔTEL RITZ,
PARÍS, FRANCIA

Creado por Colin Field

INGREDIENTES

1 ramita de menta fresca
20 ml (⅔ fl oz) de Calvados
30 ml (1 fl oz) de zumo
  de manzana
champán (el bar usa su propio
  Ritz Reserve Brut Barons de
  Rothschild), para llenar

ELABORACIÓN

Echa la ramita de menta en un
vaso largo lleno de hielo, luego
vierte el Calvados y el zumo de
manzana. Acaba de llenar con
champán.

Solo hay 35 asientos en el bar Hemingway
y noche tras noche bebedores impacientes
esperan gustosos para ocupar uno.
Bautizado con el nombre del peripatético
autor tan enamorado del bar del Ritz que
supuestamente intentara rescatarlo de los
alemanes en 1944, y que tomó nada menos
que 51 martinis para celebrar la liberación
de París, el bar Hemingway posiblemente
sea el bar de hotel más conocido del mundo.
El Ritz abrió en Place Vendôme en 1898,
y F. Scott Fitzgerald y Cole Porter bebieron
aquí mucho antes de la moderna reapertura
del bar en 1994. La historia, magnificada
con viejas fotografías y antigüedades como
una máquina de escribir, un gramófono y
unos guantes de boxeo, ciertamente atraen
las colas de curiosos, pero contribuyen
al encanto de la íntima sala la mezcla de
moqueta verde y madera de roble, además
de los bármanes con chaqueta blanca. Colin
Field —el más venerado— ha hecho del bar su
hogar desde su reapertura, soñando cócteles
como el Clean Dirty Martini. El hecho de que
los clientes puedan tomarlo acompañado de
un minibocadillo de salchicha de Frankfurt
subraya la idea de que lo extravagante mejora
al combinarlo con lo divertido.

DE
BARES
POR
LONDRES

En Londres casi con certeza se encuentran los mejores bares de hotel del mundo. Además de los tres locales de visita obligada —el Connaught, el Savoy y el Stafford London (véanse las pp. 60, 56 y 58)—, la ciudad ofrece multitud de establecimientos destacados para una pausa «Old Fashioned» 'a la antigua'»:

. . . .

Artesian del The Langham, Londres: Enfrente de los estudios de la BBC en Marylebone, el Langham de Londres abrió en 1865. Durante la Segunda Guerra Mundial, el hotel se convirtió en lugar de peregrinaje de reporteros americanos. El bar recibe el nombre del pozo de 111 metros (365 pies) de profundidad situado bajo el hotel que proporcionaba agua para los distinguidos huéspedes. El diseño del Artesian, de David Collins, mezcla el romance de la era victoriana con la intriga del Lejano Oriente. El menú varía con frecuencia, por lo que es aconsejable optar por combinados temáticos como los híbridos «minimalistas» de licor St. Germain y zanahoria o coñac y café verde.

. . . .

The Coral Room del hotel Bloomsbury: Con el brío de una gran cafetería de los años veinte, The Coral Room, acabado en 2017 a manos de Martin Brudnizki, es una nueva incorporación chic al círculo de bares de hotel. Toma un May Day Spritz (ginebra Monkey 47, Italicus Rosolio di Bergamotto, almíbar de albaricoque, Empirical Spirits Fallen Pony y vino espumoso Ridgeview Bloomsbury) en un decorado de mármol, cristal de Murano y paredes pintadas del color del nombre del bar. Para la segunda ronda, baja al Bloomsbury Club Bar. Al círculo

de Bloomsbury seguro que le hubiera gustado celebrar sus discusiones filosóficas en este local taciturno de madera y piel o en la titilante terraza contigua.

. . . .

Bar DUKES del DUKES LONDON: Nadie puede demostrar que el autor de James Bond, Ian Fleming, hallara la inspiración para la famosa consigna de 007, «agitado, no removido» en el bar DUKES, como afirman algunos, pero es cierto que el Martini adquirió un nuevo nivel en este preciso lugar en la década de los ochenta. Entonces, el venerado barman Salvatore Calabrese empezó a trabajar en el hotel inaugurado en 1908 e introdujo el Direct Martini, creación suya junto a Gilberto Preti, un homenaje a la bebida que cambia el hielo por ginebra helada. Después de Calabrese y Preti, llegó Alessandro Palazzi, el cual —con su elegante chaqueta blanca— sigue preparando igual los martinis en un carrito de palisandro. La copa refrigerada se enjuaga primero con vermut seco elaborado en colaboración con la destilería local Sacred Spirits, se añade la ginebra helada (o vodka) y luego simplemente se remata el cóctel con el toque de Palazzi: raspadura aromática de limón amalfitano. Estos martinis son tan potentes que solo se pueden servir dos por cliente.

. . . .

George's Bar del hotel St. Pancras Renaissance: No existe despedida más de moda para el Eurostar hacia París que un cóctel en el emotivo George's Bar, con diseño en burdeos y latón obra del estudio de David Collins en 2018. Justo en el interior de la estación internacional de Saint Pancras, este local contiguo al

...está, ante Gilbert Scott de Marcus Wareing, es una oda a George Gilbert Scott, el arquitecto que proyectó este edificio como el Midland Grand Hotel, un lujoso escondrijo ferroviario del siglo XIX. El tráfico de pasajeros hace que el George's sea un imán para quien quiera verles pasar mientras sorbe un Amber Embers (whisky escocés con infusión de té Lapsang Souchong, Martini Rosso, albaricoque, limón, humo) bajo el racimo de extraordinarias campanas originales que cuelga del techo, aunque resulta difícil apartar la vista de los frisos y las lámparas con flecos.

· · · · · · · · · · ·

Punch Room del London EDITION: Aunque ahora han abierto otros Punch Room en Barcelona y Shanghái en los hoteles EDITION, de Ian Schrager y Marriott International, el primer hotel se inauguró en 2013 en el distrito de Fitzrovia de Londres. El bar original, con su barra de roble oscuro y persianas cerradas como en un club de caballeros del siglo XIX, sigue siendo el local preferido en la ciudad para tomar un ponche donde se combinan ingredientes como whisky de centeno Wild Turkey, bíteres de Martini, Martini Rubino, té de hibisco y sirope de pimiento rojo, o un reconfortante Grog si hace frío (ron Plantation OFTD, zumo de lima, sorbete de pomelo, té Manuka de Cornualles, nuez moscada).

· · · · · · · · · · ·

Scarfes Bar del Rosewood London: El dibujante e ilustrador Gerald Scarfe, creador del vídeo promocional de *Another Brick in the Wall (2.ª parte)* de Pink Floyd, prestó su nombre y pericia artística a este bar del Rosewood London cuando abrió en High Holborn en 2013. Con la típica marca coqueta y animada del diseñador Martin Brudnizki, la magnética sala se adorna con las caricaturas, obra de Scarfe, de personajes británicos como Mick Jagger y Margaret Thatcher. No te pierdas los cambiantes menús, con ilustraciones de Scarfe y referencias a diferentes géneros musicales como el jazz o la música clásica, con cócteles como el Crescent City Crusta (Rémy Martin 1738, pandán, vinagre de plátano, uvas sin madurar) o el Curtain Call (whisky irlandés Roe & Co, algarroba clarificada, avellana y menta, vino fortificado, regaliz), respectivamente.

En Londres casi con
certeza se encuentran
los mejores bares
de hotel del mundo.

N.º 21

St. Moritzino

RENAISSANCE BAR
DEL BADRUTT'S PALACE,
ST. MORITZ, SUIZA

Creado por Mario da Como

INGREDIENTES

40 ml (1 ¼ fl oz) de vodka Russian
    Standard Original
30 ml (1 fl oz) de Cointreau
20 ml (⅔ fl oz) de zumo de limón
    recién exprimido
10 ml (⅓ fl oz) de Orgeat Fabbri o
    sirope de almendra Monin

ELABORACIÓN

Agita todos los ingredientes en la
coctelera llena de hielo, y luego
cuela en una copa Martini.

Cada invierno, las élites con relojes de lujo Patek Philippe descienden al enclave turístico suizo de St. Moritz para esquiar. Deben agradecer este ritual a Johannes Badrutt, pues en la década de 1860 apostó con los huéspedes británicos de su hotel Kulm que si no disfrutaban de su estancia en el mismo también en los meses de frío, correría él con los gastos de su próxima visita.

Para cuando el hijo de Johannes, Caspar, abrió el Palace —su propio hotel— en 1896, St. Moritz se había convertido en un hervidero de bobsleigh y trineos. Aun así, el turismo alpino no solo vive del deporte. Los amantes de las emociones también venían al Badrutt's Palace, entonces como ahora, por la fiesta nocturna tras un día de esquí.

En la década de 1960, los que ansiaban un ambiente menos movido que el de la discoteca subterránea (una de las primeras de Suiza) iban al Renaissance Bar, donde encontrarían a Mario da Como en la barra, llegado en 1963 y que se quedaría más de 40 años. Tal vez incluso vieran a Alfred Hitchcock, que pasó numerosas vacaciones en el Palace, a Audrey Hepburn o a Marlene Dietrich. El Renaissance Bar sigue abierto y sentarse junto a la chimenea, con un puro en una mano y una de las bebidas clásicas de la biblioteca de cócteles en la otra, es el no va más del relax con suntuosidad alpina.

Da Como ya no está en la barra del bar del Badrutt's Palace, pero su jovial presencia todavía se siente en el bar Renaissance, con gracia apodado Mario's Bar. Su brillante St. Moritzino, inventado en 1972 con una botella embargada de ron sudafricano regalada al entonces propietario del hotel, Andrea Badrutt, ha sufrido una metamorfosis hasta el actual trago de vodka. Sigue siendo un favorito entre la refinada clientela del hotel.

BADRUTT'S PALACE, ST. MORITZ, SUIZA

EUROPA

N.º 22

Bellini

BAR LONGHI DEL
GRITTI PALACE,
VENECIA, ITALIA

*Creado por Giuseppe Cipriani,
Harry's Bar*

INGREDIENTES

30 ml (1 fl oz) de puré
  de melocotón
90 ml (3 fl oz) de prosecco frío

ELABORACIÓN

Remueve con cuidado los
ingredientes directamente
en una copa Pompadour.

No importa las veces que uno lo admire, el Gran Canal atrae visitantes a Venecia y parece salido de un cuento de hadas, especialmente si se contempla desde los románticos entornos del Gritti Palace. Construido en el siglo XV por la familia Pisani, este palazzo gótico, convertido en hotel en 1895, fue residencia del Doge Andrea Gritti en el siglo XVI. Personajes destacados como W. Somerset Maugham, Elizabeth Taylor y Greta Garbo fueron devotos del encantador establecimiento, y les seguiría agradando despertar entre sus paredes forradas de sedoso damasco. Con sus espejos enmarcados y candelabros de cristal de Murano, el bar Longhi, otro de los escondrijos favoritos de Hemingway, posee el aura inmaculada de una pintura al óleo hecha realidad. En verano, el sitio donde todos quieren sentarse es la terraza Riva Lounge, frente a la basílica de Santa Maria della Salute, con un Bellini (la bebida estimulante inventada por Giuseppe Cipriani en el Harry's Bar, a unos minutos a pie) o un Basil-ica (ginebra Old Tom, zumo de limón, licor St. Germain, albahaca, bíter de naranja). Al ponerse el sol, el agua reluce y uno desea no marcharse jamás de esta ciudad.

THE GRITTI PALACE
VENECIA, ITALIA

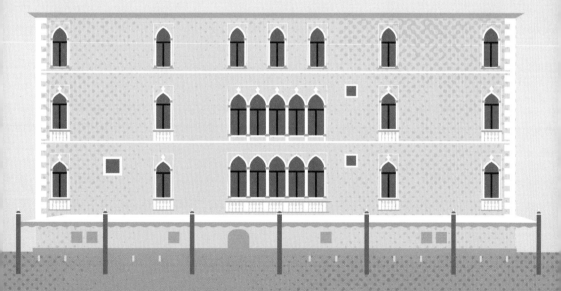

N.º 23

Apricot Sour

BAR STRAVINSKIJ
DEL HOTEL DE RUSSIE,
ROMA, ITALIA

*Creado por Paolo Danini
y Barbara Simmi*

INGREDIENTES

25 ml (¾ fl oz) de The Glenlivet Founder's
Reserve
35 ml (1 ¼ fl oz) de destilado de
albaricoque (en el Stravinskij usan
Capovilla Distillato di Albicocche
de Vesuvio)
12 ml (1 cucharada rasa) de sirope
de vainilla
2 cucharaditas de mermelada ecológica
de albaricoque
20 ml (⅔ fl oz) de zumo de limón
recién exprimido
2 chorritos de amargo de Angostura,
para decorar
cuña de albaricoque fresco, para decorar

ELABORACIÓN

Agita todos los ingredientes en la
coctelera llena de hielo, y luego cuélalo
en una coctelera vacía. Agita y después
cuela dos veces en una copa Pompadour
refrigerada. Decora con el amargo de
Angostura y el albaricoque.

La Piazza del Popolo, una de las principales
plazas de Roma, fue remodelada en la década
de 1820 por el arquitecto Giuseppe Valadier.
Al mismo tiempo, construyó también a pocos
pasos un edificio que se convirtió en hotel
y se ganó el favor de la nobleza rusa y de
Jean Cocteau, y se acabó transformado en
el cuartel general de una importante cadena
televisiva italiana. En 2000, sir Rocco Forte se
hizo con el inmueble y lo añadió a su colección
de hoteles y, enseguida, una estancia en
el Hotel de Russie se codició tanto como en
otros hoteles legendarios de la Ciudad Eterna,
el Eden y el Hassler.

Gran parte de su misterio procede de sus
jardines, donde los huéspedes degustan
ravioli de *cacio e pepe* rodeados de rosales
y naranjos. El bar Stravinskij es un espacio
igual de esplendoroso al aire libre, donde
la clientela se dirige para sentarse bajo un
parasol y tomar aperitivos creativos como un
Bloody Mary con zanahoria en lugar de zumo
de tomate, y el Modern Fizzy, que combina en
un vaso largo coñac al azafrán y ron con sirope
de miel y pimienta y licor de cardamomo. Aún
con mal tiempo, *la dolce vita* sigue; salpicado
de estatuas, el interior del Stravinskij es toda
una oda a la antigua Roma.

N.º 24

Tesoro

PULITZER'S BAR
DEL PULITZER
AMSTERDAM,
PAÍSES BAJOS

INGREDIENTES

50 ml (1 ¾ fl oz) de ron Zacapa 23
20 ml (⅔ fl oz) de oporto Taylor
    Tawny de 10 años
10 ml (⅓ fl oz) de Grand Marnier
3 chorritos de bíter Aphrodite
1 cucharadita de jarabe de arce
tira de piel de naranja, para
    decorar

ELABORACIÓN

Pon todos los ingredientes en el
vaso mezclador, añade cubitos
de hielo y remueve durante
20 segundos. Cuela en un vaso de
whisky refrigerado lleno de hielo
y decora con la piel de naranja.

En 1960, las famosas casas estrechas del
siglo XVII y XVIII que bordean los canales
de Ámsterdam, donde comerciantes y
aristócratas habían hecho de las suyas,
estaban muy deterioradas. Peter Pulitzer,
el visionario nieto del gigante periodístico
americano de origen húngaro Joseph Pulitzer,
vio el potencial de darles nueva vida y adquirió
12 para transformarlas en un hotel de cinco
estrellas con la modesta cadena americana
de moteles y restaurantes de Howard
Johnson como socio. El dédalo de edificios y
almacenes entre los canales Keizersgracht
y Prinsengracht aumentó hasta 25. Varios
propietarios más tarde, dejando las vigas
de madera de Pulitzer intactas, el hotel se
reinventó en 2016. Afortunadamente, esta
vez se añadió el Pulitzer's Bar, un espacio
para el receso ideal para conversaciones
junto a la chimenea, con sillones donde
descansar tras un día de turismo por la
ciudad (la situación del hotel en el barrio
de las Nueve Calles permite ir caminando a
muchos museos), tomando un cóctel del menú
temático dedicado, por ejemplo, al *Asesinato
en el Orient Express*, de Agatha Christie, con
bebidas como The Doctor (whisky, suero de
leche, jerez y té genmaicha). La barra dorada,
de formas geométricas, destaca entre las
paredes oscuras y a uno le parece hallarse en
el interior de un cuadro de Rembrandt.

En el bar del Pulitzer, el Tesoro se sirve
reposado, pero resulta también embriagador
si lo preparan al momento.

CON CARÁCTER PROPIO

Muchos bares de hotel, por la naturaleza de sus ubicaciones en lugares públicos y llenos de energía, parecen darnos la bienvenida desde que uno pisa el vestíbulo. Tienden a ser espacios inclusivos, y no importa de dónde se venga, siempre habrá algo en la carta que te apetezca y te haga sentir cómodo, ya sea una copa de vino o un complejo combinado con tequila. Pero eso no siempre es así. Algunos bares de hotel tienen su propia personalidad y ofrecen experiencias concretas y bien definidas a base de una selección de cócteles acorde. Estos lugares son destinos que persiguen una visión singular –que suele verse reflejada en el menú o el diseño interior– y no están enfocados a complacer a las masas. Los bares de hotel pueden representar enclaves extraordinarios, y eso es lo que hacen los siguientes bares.

El bar Fragrances del Ritz-Carlton, Berlín.
Los huéspedes que quieran pasar la velada sorbiendo unos martinis en Potsdamer Platz deberían dirigirse al Curtain Club del vestíbulo en lugar de venir aquí, porque este paraíso aromático es para los clientes que deseen convertir la noche en un viaje sensorial interactivo. En lugar de ojear la clásica carta, olisquearán las opciones expuestas en un vistoso espacio donde las botellas aguardan bajo campanas de cristal. Los bármanes saben exactamente cómo traducir el perfil olfativo de un perfume a un cóctel. Aventure –un guiño a la fragancia berlinesa de Frau Tonis Parfum– es una delicada mezcla de limonada de rosa, sake Yamagata Masamune, agraz, bergamota, granadina al azahar y sirope de vainilla, vetiver, ylang-ylang, pachuli y sándalo. El Vaara, en referencia al perfume de

Penhaligon del mismo nombre, combina puré de pera con ron Zacapa 23 al azafrán, bourbon Bulleit, agua de rosas y sirope de vainilla, miel y haba tonka.

Si te seduce la idea de visitar un sugestivo bar especializado, plantéate estos:

Black Angel's Bar, Hotel U Prince, Praga, República Checa: Cerca del turístico reloj astronómico medieval del centro de Praga, se encuentra el Black Angel's Bar. Escondido bajo el Hotel U Prince, es básicamente un tugurio con clase y un aire clandestino de los años treinta. Toma un From Dust Till Foam (ginebra, limón, Aperol, zumo de pomelo, espuma de flor de saúco) o un agradable Concord (ginebra, vermut seco, sirope de fresa) –dos cócteles que rinden honor al barman checo de principios del siglo xx, Alois Krcha– entre las arcadas.

· · · · · · · · · · · ·

The Chandelier, Cosmopolitan de Las Vegas, EE. UU.: Los bares de los hoteles del Strip de Las Vegas juegan en un terreno completamente distinto al de sus homólogos. La ciudad ha ido aumentando la calidad de su oferta barística a lo largo de los años, liderada por bármanes como Mariena Mercer Boarini, del Chandelier, si bien los locales siguen siendo rimbombantes, tal como debe ser (y tal como uno espera cuando visita Las Vegas) para capturar la codiciada atención de los turistas que recorren el casino sin cesar. El Chandelier, en origen diseñado por Rockwell Group, se compone de tres bares, todos situados en una misma estructura reluciente de tres niveles con una decoración espectacular a

modo de enorme araña de cristal ondulante.
Uno puede instalarse en la zona inferior con
un Whiskey Business (bourbon Knob Creek,
Amaro di Angostura, Amaro Meletti, sirope
«old time rock'n'roll»); dentro de la araña, con
un Evil Twin (tequila añejo Don Julio, brandy
de manzana Laird, Allspice Dram, licor de pino
Zirbenz, jarabe de arce ahumado); o en lo alto,
tomando el cóctel tipo Mule llamado Finishing
School (vodka CÎROC Red Berry, limón, sirope
de fresa y ruibarbo, cerveza de jengibre,
bíteres de ciruela).

. . . .

**The Milk Room, Chicago Athletic Association,
Chicago, EE. UU.:** En este bar, situado en
el segundo piso del hotel Chicago Athletic
Association, solo hay ocho taburetes, y los
aficionados a la bebida que no se amedrentan
con precios elevados deben reservar con
antelación. Aquí, se deja admirada a la
clientela con un desfile siempre renovado
de licores raros como un bourbon Very Old
Fitzgerald embotellado con denominación
Bottled in Bond de 1945-1953, o un Delord
Bas-Armagnac de 1978. Cuando la ecléctica
colección se ve agraciada con una botella de
Chartreuse Tarragona de los años setenta, el
barman la hará lucir gustoso en un Last Word
muy retro.

. . . .

**Tonga Room & Hurricane Bar, Fairmont San
Francisco, EE. UU.:** En 1945, un diseñador de
decorados de la Metro Goldwyn Mayer recibió
el encargo de reconvertir la antigua piscina
del Fairmont San Francisco en una laguna con
escenario flotante. El motivo era la apertura

del bar Tonga Room & Hurricane, un paraíso
tropical que recogía la fascinación posterior
a la Segunda Guerra Mundial por la Polinesia.
Bailar en la pista construida con los restos
del S. S. Forester, una goleta que navegaba
entre San Francisco y los Mares del Sur, y
detenerse solo para sorber el Zombie de Don
the Beachcomber, creado en 1934, era todo
lo que se necesitaba entonces para confiar
en que aquel momento sí era el inicio de una
vida mejor. Ignora los empalagosos cócteles:
estás aquí porque los parasoles de paja y las
tormentas tropicales, con rayos y lluvia que
caen del cielo sobre la laguna, son una ilusión
que no estás preparado para romper.

destinos que persiguen
una visión singular

...

viaje sensorial
interactivo

...

una ilusión que
no estás preparado
para romper

N.º 25

Cóctel de Endrinas/ Remolacha/ Piña

BAR AM STEINPLATZ
DEL HOTEL AM STEINPLATZ,
BERLÍN, ALEMANIA

INGREDIENTES

40 ml (1 ⅓ fl oz) de licor de endrinas
   Freimeister Doppelwacholder
50 ml (1 ¾ fl oz) de licor de
   remolacha Faude
20 ml (⅔ fl oz) de zumo de limón
   recién exprimido o agua con
   infusión de limón
15 ml (½ fl oz) de sirope de piña*
2 gotas de aceite de menta

* *Para el sirope de piña:*
500 ml (17 fl oz) de sirope básico
   (p. 11)
5 ml (1 cucharadita) de esencia
   de piña

ELABORACIÓN

Para el sirope de piña, combina el
sirope básico con la esencia de piña
en un vaso mezclador.

Para el cóctel, remueve todos los
ingredientes juntos en otro vaso
mezclador lleno de hielo, luego cuela
dos veces en una copa tipo Nick &
Nora. Acaba con un par de gotas de
aceite de menta.

El hotel Am Steinplatz abrió sus puertas en el
acomodado barrio berlinés de Charlottenburg
en 1913 y es una maravilla del modernismo
alemán obra del arquitecto August Endell,
que diseñó los patios del complejo Hackesche
Höfe. Tras una reforma de 2013, el edificio
de tonos verdes engalanado con elementos
decorativos geométricos sigue destacando e
invita a los paseantes a entrar y sumergirse
en un mundo que sedujo a Vladimir Nabokov o
Romy Schneider.

El bar situado en el sótano –popular entre
actores y artistas de los años cincuenta– ya
no existe. En su lugar se halla el bar de la
planta baja, Bar Am Steinplatz, donde el
ambiente *art déco*, mezcla de mármol y piel
en negro y beis, es razón suficiente para
tomar asiento. De entrada, los amantes de
la ginebra pueden disgustarse al descubrir
que ni una sola botella de su licor preferido
habita los estantes. Luego, al echar una ojeada
a la carta, ilustrada con ingenio para que el
sabor de cada cóctel quede en primer plano,
se dan cuenta de que les complacerá probar
uno: todos claros, todos servidos en copas
Nick & Nora, y elaborados con descaradas
combinaciones de ingredientes que incluyen
pisco, kéfir, grosellas negras y arroz.

N.º 26

Little Match Girl

NIMB BAR DEL NIMB HOTEL,
COPENHAGUE, DINAMARCA

Creado por António Saldanha de Oliveira

INGREDIENTES

50 ml (1 ¾ fl oz) de tequila añejo
   Don Julio
10 ml (⅓ fl oz) de oporto Graham
   Ruby o Tawny
10 ml (⅓ fl oz) de Lillet Rouge
10 ml (⅓ fl oz) de sirope básico
   (p. 11, 2 partes de azúcar por
   1 parte de agua)
2 tiras largas de piel de pomelo
   o naranja
2 rodajas grandes de galanga
   o jengibre

ELABORACIÓN

Combina los ingredientes líquidos
en un cazo y ponlo a fuego bajo.
Añade la piel de pomelo o naranja
y las rodajas de galanga o jengibre,
luego cubre con tapa y deja cocer
3-5 minutos. Cuela en una taza
para servirlo.

El parque temático de los jardines Tívoli, que proporciona diversión a los habitantes de Copenhague desde 1843, es uno de los más antiguos del mundo, y el Nimb Hotel se encuentra justo en el centro de este alegre lugar. Cuando se inauguró en 1909, en el interior de un fantástico palacio morisco, el Nimb se convirtió en un restaurante bullicioso, que recibía el nombre de sus hospitalarios propietarios que popularizaron los bocadillos abiertos de pan de centeno, omnipresentes ahora en Dinamarca. En 1930, la Compañía Nacional Danesa de Radiodifusión realizaba grabaciones en directo desde el Nimb, que se convirtió en bastión de la música de baile contemporánea. Desde el año 2008, el Nimb ha evolucionado hacia un estilo de relajado hotel boutique nórdico, con habitaciones con terraza, una piscina del color de la ficticia Ciudad Esmeralda en la azotea y restaurantes que añaden capas a su historia gastronómica.

El Nimb Bar, en el antiguo salón de baile, rebosa sofisticación: un espacio sosegado que permite que la chimenea donde arden troncos de abedul, los candelabros de cristal perdidos y recuperados y un piano de cola sean los protagonistas. Después de un día en la noria Ferris y el tiovivo, el té en el bar del Nimb o los cócteles como el estival Little Mermaid (vodka Absolut Elyx, lichi, licor de lima, espirulina, agua de coco y pepino), confirman que el cuento de hadas no tiene por qué terminar ahí.

El Little Match Girl es un cóctel caliente para entrar en calor al regresar de una salida en días gélidos a los Jardines Tívoli Gardens. Lo ideal es prepararlo con una antigua cafetera vienesa, pero sirve igual una cafetera de filtro o un café preparado en un cazo a fuego lento. Con esta receta sale un cóctel, pero es mejor servir dos o más; solo hay que multiplicar los ingredientes según convenga.

NIMB HOTEL
COPENHAGUE, DINAMARCA

EUROPA

N.º 27

Beautiful, Amore, Gasp

THIEF BAR DEL HOTEL THIEF,
OSLO, NORUEGA

Creado por Felice Capasso

CÓCTELES DEL MUNDO

INGREDIENTES

- 30 ml (1 fl oz) de vodka Absolut Elyx
- 15 ml (½ fl oz) de vermut Cocchi Americano
- 10 ml (⅓ fl oz) de licor de cacao blanco
- 10 ml (⅓ fl oz) de zumo de limón recién exprimido
- 5 ml (1 cucharadita) de sirope Pedro Ximénez salado*
- 1 bola de hielo, para servir (usa un molde de silicona para hacerlas)
- un trozo o disco de chocolate blanco**, para decorar

* *Para el sirope Pedro Ximénez salado (salen 750 ml [25 fl oz]):*
- 750 ml (25 fl oz) de jerez Pedro Ximénez Lustau
- 350 g (12 oz) de azúcar
- 25 g (¾ oz) de sal

** *El antiguo jefe del bar, Capasso, usaba un disco de chocolate blanco decorado con líneas de chocolate de color para rematar este cóctel, pero puedes usar chocolate blanco con cualquier forma.*

ELABORACIÓN

Para el sirope, mezcla el jerez y el azúcar en un cazo y caliéntalo suavemente unos 10-15 minutos hasta que el azúcar se disuelva. Retira del fuego e incorpora la sal hasta que también se disuelva. Refrigera hasta el momento de su uso.

Pon todos los ingredientes en la coctelera llena de hielo y agita. Cuela en una copa Pompadour (el bar emplea una copa Elyx de cobre) con una bola de hielo dentro. Sirve con decoración de chocolate blanco.

Cuando se habla de los centros de arte y diseño escandinavo, ciudades como Copenhague, Estocolmo y Helsinki tienden a acaparar la atención. Oslo también debería estar presente en la conversación. Por ejemplo, el Museo de Arte Moderno Astrup Fearnley, diseñado por Renzo Piano, es un templo del arte contemporáneo noruego e internacional, y se encuentra en Tjuvholmen, una isla antaño frecuentada por bandidos y damas de la noche.

Adyacente al museo, se halla The Thief, un hotel inaugurado en 2013 con habitaciones decoradas en oro inspiradas en los yates Riva. Enmarcadas en ventanales del suelo al techo, las vistas de los canales y del fiordo de Oslo son un espectáculo, pero el Thief respalda esta maravilla natural con una colección propia de arte permanente, además de las selecciones prestadas por su vecino y colaborador de lujo.

El bar Thief, que sutilmente hace pensar en una galería con botellas de licor, libros y objetos expuestos con gusto en estantes con iluminación cálida, profundiza en su relación con las artes con su menú. Cócteles cerebrales que dialogan con obras como *God Alone Knows* y *Beautiful, amore, gasp, eyes going into the top of the head and fluttering painting*, de Damien Hirst, pretenden favorecer un estado contemplativo. Resulta fácil sentado en una butaca de terciopelo junto a la chimenea.

N.º 28

Million Red Roses

LOBBY BAR DEL BELMOND
GRAND HOTEL EUROPE,
SAN PETERSBURGO, RUSIA

INGREDIENTES

40 ml (1 ¼ fl oz) de vodka Russian
    Standard Platinum
100 ml (3 ½ fl oz) de zumo de pomelo
40 ml (1 ¼ fl oz) de sirope de miel
    (1 parte de miel y 2 partes de agua)
100 ml (3 ½ fl oz) de vino espumoso
hoja de aspidistra y pétalos de rosa
    (opcional), para decorar

ELABORACIÓN

Vierte el vodka, el zumo de pomelo
y el sirope en la coctelera llena de
hielo y agita bien. Cuela en una
copa de vino refrigerada con unos
cubitos de hielo dentro. Añade el
vino y remueve.

El bar confiere fantasía a la bebida
con una hoja de aspidistra y pétalos
de rosa, pero es igual de deliciosa
sin estos ornamentos.

Al entrar al Belmond Grand Hotel Europe por la fachada neoclásica, obra de Ludwig Fontana, la cantidad de oro y mármol transporta a la época zarista de 1875, cuando el establecimiento abrió como Grand Hotel d'Europe. Dostoievski solía venir, Chaikovski pasó aquí su luna de miel, y el enigmático monje Rasputín, con las cortinas tiradas, cenaba con políticos y amantes en una alcoba del piso superior de L'Europe, el restaurante que, cuando abrió en 1905, se iluminó con bombillas eléctricas nunca antes vistas en San Petersburgo.

Pasó a ser orfanato después de la Revolución soviética y hospital del frente de Leningrado durante el asedio de principio de la década de 1940, y hoy este hotel vuelve a ser el resplandeciente palacio de estilo *art nouveau*, con su sumiller de vodka y brunches de caviar como corresponden a las suites llenas de antigüedades, como la Lidval, con acentos de jardín invernal, o la Fabergé, con alusiones a la joyería. En el bar Lobby, el estuco restaurado y las repisas alicatadas contrastan con la barra creada con suave y gélido mármol de alabastro y granito negro. Opta por un Anna Akhmatova (ginebra, licor de flor de saúco, Lillet Blanc, vermut seco), bautizado como la gran poeta del siglo XX, y saborea la buena vida imperial.

Si prefieres una versión más seca o menos ácida del Million Red Roses, reduce las medidas a 50 ml (1 ¾ fl oz) de zumo de pomelo y 30 ml (1 fl oz) de sirope de miel.

EUROPA

EN EL CANDELERO:
EL REVOLUCIONARIO
el hombre que ha cambiado las cosas en Londres y más allá

¡MR LYAN!

Ryan Chetiyawardana, más conocido como Mr Lyan en los círculos de coctelería, rompe las reglas desde 2013, cuando abrió el White Lyan en el barrio de Hoxton en Londres. El bar inició un atrevido experimento de sostenibilidad sirviendo combinados preparados de antemano libres de fruta y hielo. Un año después, inauguró el Dandelyan en el hotel Mondrian London –actual Sea Containers London–, diseñado por Tom Dixon, con vistas al Támesis, y enseguida reclutó una clientela que acudía a probar sus menús de «botánica moderna». La barra de mármol verde es la misma, igual que el té de la tarde, pero ya no se llama Dandelyan. Ahora es el Lyaness, un nuevo concepto de Mr Lyan que aúna el restaurante Cub con el bar Super Lyan ubicados en el interior del hotel Kimpton De Witt Amsterdam, donde se juega con solo siete ingredientes que incluyen miel vegana y una mezcla de té propia. Su última aventura es el Silver Lyan, en el interior de otro hotel, el Riggs Washington DC. Escuchemos a Mr Lyan:

Sobre la resistencia de los bares de hotel

«Pienso que los mejores bares de hotel son los que se han integrado en el lugar y en la comunidad. Estos grandes proyectos pueden mantener un equilibrio que les sitúe en su entorno de manera abierta, cosa que contribuye a su longevidad.»

Sobre los éxitos del Dandeylan

«Siempre dijimos que queríamos cambiar el modelo de bar de hotel. Queríamos integrarlo en el edificio, pero no conforme al modelo del bar de hotel. Había muchos bares de hotel emblemáticos, en particular en Londres, pero nosotros buscábamos algo complementario y que nos pareciera sincero. Tuvimos en cuenta muchas de las pequeñas sensibilidades y opiniones para encontrar una manera de casarlas con el glamuroso ambiente del hotel Sea Containers. Incorporamos la vocación de este hotel como espacio democrático y abierto a todos –un valor que se refleja nuestro trabajo– y creamos algo que se hiciera eco de ello, pero desde el punto de vista de la innovación y de su esencia como destino. Igual que el barrio de Hoxton, el Southbank era un destino, y con pocas opciones para comer y beber bien en aquel momento, decidimos ofrecer un lugar confortable y singular que sirviera de reclamo. Lo describimos como un "bar de barrio en un entorno de cinco estrellas".»

Sobre forjar una nueva identidad

«Se trataba de ofrecer sinceridad y trabajar sobre la base de nuestra historia. El White Lyan marcó nuestro cometido empresarial –encontrar nuevas formas emocionantes de ayudar a la gente a reunirse– y todo ha girado en torno a ese objetivo. El Lyaness surge en gran medida de las cosas que nos gustan, y de lo que deseamos cambiar del sector de la alimentación.»

Sobre la diferencia entre los bares de hotel y el resto

«Los bares de hotel son mucho más abiertos. Sirven a públicos dispares y cubren todo tipo de eventualidad. Los bares independientes pueden, claro está, basarse en estos ideales, pero también son diferentes al poder ser más específicos, con matices propios, y los bares de hotel tienen una estupenda base en algo familiar. Aunque los mejores procurarán evolucionar más allá de esta definición.»

ORIENTE MEDIO / ÁFRICA / ASIA DEL SUR / ASIA

99

ORIENTE MEDIO / ÁFRICA / ASIA DEL SUR / ASIA

Soho House, el pequeño imperio hotelero y de clubes privados formado por Nick Jones en 1995, desveló sus aposentos de Estambul en 2015. Personajes artísticos y mediáticos acudieron corriendo a este antiguo palacio de Beyoğlu, y se refugiaron en el Club para beber en una espectacular sala cubierta de mármol, palisandro y frescos originales. En esta región donde por lo general el alcohol está prohibido, los bares de hotel de Oriente Medio cumplen la función de transportar a su clientela, aunque sea con un imaginativo «mocktail» que no requiere alcohol para captar el interés. Más allá, la India se ha modernizado rápidamente y sus bares no se han quedado atrás. Las islas Maldivas y Mauricio, cada vez más visitadas por su clima y actividades de exterior, tampoco escatiman nada en los bares de sus hoteles –que lo tienen fácil para brillar al estar situados justo frente al Índico–. Hace décadas, esta zona estaba envuelta en misterio y se alababa su exotismo; siéntate en el jardín con perfume cítrico de un hotel y todavía sentirás por qué.

INGREDIENTES

45 ml (1 ½ fl oz) de coñac VS con infusión
de dátil*

15 ml (½ fl oz) de sirope básico de piña
y coco**

15 ml (½ fl oz) de leche de coco no endulzada

15 ml (½ fl oz) de café expreso infusionado
en frío (Marshall usa Cold-Brew Coffee,
Nitrogen-Infused with Espresso, de la
marca Trader Joe's)

coco recién rallado, para decorar

* *Para el coñac VS con infusión de dátil
(salen 750 ml [25 fl oz]):*
3 dátiles grandes, en rodajas
750 ml (25 fl oz) de coñac VS

** *Para el sirope básico de piña y coco
(salen 250 ml [8 ½ fl oz]):*
125 ml (4 fl oz) de zumo de piña fresco
225 g (8 oz) de azúcar de coco

ELABORACIÓN

Para el coñac con infusión de dátil, pon los
dátiles cortados en un recipiente grande no
reactivo y luego májalos con cuidado. Añade
el coñac y remueve. Deja reposar 6-8 horas,
o más en función de la intensidad deseada.
Remueve de vez en cuando. Cuela el coñac
en una botella esterilizada y reserva los
dátiles para su uso futuro.

Para el sirope básico de piña y coco,
simplemente mezcla el zumo de piña y el
azúcar hasta que el azúcar quede disuelto
por completo.

Para elaborar el cóctel, combina todos los
ingredientes en la coctelera llena de hielo
y agita. Cuela dos veces en una taza de té
turco y remata con coco rallado para decorar.

Quien busque emociones en Estambul las
hallará sin tener que pagar mucho: por
ejemplo, observando la vida callejera sentado
en una terraza de Beyoğlu, digamos que ante
unas bandejas con meze y unos vasos de raki,
que huelen a regaliz. A quien prefiera rascarse
el bolsillo, le convencerá el Çırağan Palace
Kempinski, donde residieron los sultanes
otomanos del siglo XVII. En su atractivo enclave
a orillas del Bósforo, goza de la tranquilidad
de un balneario. Por la mañana, los huéspedes
inician sus paseos por el Topkapı Palace con
un desayuno en la terraza; cuando regresan,
es momento de una cabezadita en las camas
de exterior, una sesión en el hammam y un
chapuzón en la piscina. Al anochecer, se
retiran al jardín de palmeras y a Le Fumoir, el
bar iluminado con antorchas y adornado con
toldos. Los licores de malta y los puros bastan
a la mayoría, pero los más pudientes tal vez
sientan la curiosidad de ceder al capricho
y costearse un Gilded Sultan's Elixir, de
2.500 dólares: una base del raro coñac
Hennessy Richard maridado con zumo de piña
con infusión de coco, sirope de miel y bíter
de higo, y decorado como cabría esperar con
polvo de oro comestible. En comparación con
el precio de la Sultan Suite, para miembros de
la realeza, es una verdadera ganga.

El Gilded Sultan's Elixir no es cóctel para
cada día, de modo que el barman neoyorquino
Franky Marshall ideó esta versión «riff»
(también llamada Sultan's Pick-Me-Up), que
reinterpreta los extravagantes ingredientes de
la bebida usando otros más accesibles. Como
copa nocturna o de media mañana, equilibra la
aguda nota frutal de la piña con capas dulces y
amargas de chocolate, café (un guiño a la rica
historia cafetera de Turquía), coco y una mezcla
de frutos secos con dátiles que suavizan el
coñac y aportan sedosidad en boca.

N.º 29

Gilded Sultan's Elixir Riff

LE FUMOIR DEL ÇIRAĞAN PALACE KEMPINSKI,
ESTAMBUL, TURQUÍA

Creado por Franky Marshall

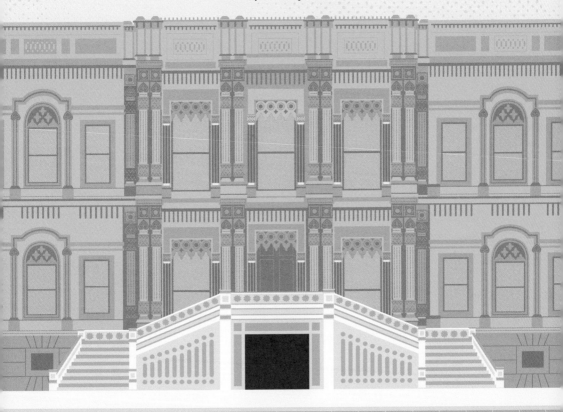

N.º 30

Whiskey-A-Go-Go

LIBRARY BAR
DEL THE NORMAN
TEL AVIV, ISRAEL

INGREDIENTES

30 ml (1 fl oz) de zumo de granada especiado*
50 ml (1 ¾ fl oz) de whisky de centeno
20 ml (⅔ fl oz) de sirope de caña de limón
20 ml (⅔ fl oz) de zumo de limón recién
   exprimido
1 estrella de anís, para decorar

* *Para el zumo de granada especiado*
   (sale 1 litro [34 fl oz]):
1 litro (34 fl oz) de zumo de granada
6 clavos de olor
6 vainas de cardamomo, chafadas
8-10 granos de pimienta rosa

ELABORACIÓN

Para el zumo de granada especiado, combina
todos los ingredientes en un recipiente no
reactivo y refrigera toda la noche. Cuela en
un recipiente esterilizado; se conserva hasta
72 horas en el frigorífico.
   Para el cóctel, combina los ingredientes en
la coctelera llena de hielo y agita bien. Cuela
dos veces en una copa Martini y decora con
una estrella de anís.

White City, el barrio residencial de Tel Aviv con
edificios de estilo Bauhaus, recibió una dosis
de modernidad cuando The Norman (cuyo
nombre alude a Norman Lourie, el cineasta
sudafricano fundador del primer complejo
turístico de lujo en Israel, Dolphin House)
abrió en 2014 ocupando dos inmuebles de los
años veinte. Cuando no se hallan en la piscina
desbordante de la azotea desde donde la
mirada se pierde en el Mediterráneo, o en sus
suites con brillantes azulejos de cerámica,
cristaleras y escritorios, es casi seguro que los
huéspedes estén en el bar. Fiel a su nombre, el
bar Library ('biblioteca', en inglés) está surtido
de libros para entretenerse si a uno le apetece.
Algunos lo hacen, otros no pueden apartar
la vista de la decoración, que les susurra
historias de los años cuarenta con su barra
de metal bruñido, taburetes hexagonales y
jarrones con ramos. El menú ofrece clásicos,
como el infravalorado Bamboo o el Angel's
Share, pero es mejor degustar la abundancia
culinaria de la región con bebidas que están
a la altura de las naranjas Jaffa. La ginebra
Norman, elaborada en colaboración con la
destilería israelí Jullius, que combina dátiles,
almendras, cítricos y hierbas de Galilea, es la
columna vertebral del First Date, con zumo
de limón, sirope de dátil y pomelo recién
cosechado del huerto del hotel.
   El zumo de granada anima el Whiskey-
A-Go-Go y le confiere un aire israelí. Aunque
el bar Library usa la técnica *sous-vide* para
crear la mezcla de granada recién exprimida,
cardamomo, pimienta rosa y clavo, en casa
puedes prepararla como aquí se indica.

N.º 31

Burj Royale

SKYVIEW BAR
& RESTAURANT
DEL BURJ AL ARAB
JUMEIRAH, DUBÁI, EAU

INGREDIENTES

20 ml (⅔ fl oz) de vodka de vainilla
    Grey Goose La Vanille
10 ml (⅓ fl oz) de Chambord
10 ml (⅓ fl oz) de jarabe de goma
    Monin
1-2 frambuesas
1-2 moras
100 ml (3 ½ fl oz) de champán
    Louis Roederer Brut Premier
oro en polvo comestible, para
    decorar

ELABORACIÓN

Maja todos los ingredientes
excepto el champán en la
coctelera, luego agita. Cuela
dos veces en una copa Martini
refrigerada, luego vierte el
champán sobre una cuchara
coctelera para que forme una
capa encima. Decora con el oro en
polvo.

La silueta cambiante de Dubái está dominada por elevados edificios futuristas, sin embargo, el Burj Al Arab, un hotel en forma de vela que parece aletear, obra del arquitecto británico Tom Wright, es sin duda uno de los más maravillosos e imperecederos. Cuando el hotel —que solo ofrece suites— abrió en 1999, fue un punto de inflexión para Dubái, porque dio forma a la narrativa del emirato como desierto convertido en megalópolis de ensueño. Sobre una isla artificial, el rascacielos de acero, cristal y aluminio, con su impresionante atrio interior y un ejército de mayordomos, sintetiza la majestuosidad en todo su esplendor; un lugar donde lo normal es elegir entre veinte tipos diferentes de almohadas, pasar la mano sobre superficies con laminado de oro de 24 quilates y chapotear en piscinas ornamentadas con diez millones de piezas de mosaico.

En el reluciente espacio Gold del piso 27 se puede fumar en cachimba y tomar cócteles como el Scent of the Souk, con ginebra aromatizada con albaricoque e higo, sirope de especias baharat y mastika. En el bar y restaurante Skyview del mismo piso, pide un Vesper o un Old Fashioned con miel ahumada y King Pu-Erh pero sin alcohol y tés oolong madurados en barril. Las vistas del golfo Pérsico se magnifican a través de las paredes de cristal, y el techo, enlucido con luces azules y verdes, es de la más pura extravagancia árabe.

ORIENTE MEDIO / ÁFRICA / ASIA DEL SUR / ASIA

EN EL CANDELERO:
PARAÍSOS ANTE EL MAR
parajes marinos al sol que impresionan

UNA
HABITACIÓN
CON VISTAS

Tomar una copa mientras se admira un paisaje deslumbrador resulta una combinación especialmente embriagadora. Compruébalo en cualquiera de estos hoteles.

LUX Belle Mare Resort & Villas, isla Mauricio: En este complejo de playa diseñado por Kelly Hoppen, recogido en unos jardines tropicales cercanos al pueblo de Belle Mare, los sonidos del océano Índico te sacarán de la cama listo para un desayuno con kheer (una especie de arroz con leche). Más tarde, despide el día en el Mari Kontan, la deliciosa caseta junto a la piscina que narra la historia de la isla, con más de 100 tipos distintos de ron para probar.

Six Senses Laamu, Maldivas: Los huéspedes caminan hasta el remoto atolón Laamu para alojarse en una de las villas tropicales del Six Senses Laamu situadas en la playa o sobre el agua. Cuando finalizan su sesión de yoga al aire libre y tratamientos ayurvédicos, se dispersan hacia el Chill Bar, construido sobre el agua, y esperan al disc-jockey con un Abandon Ship (tequila Corralejo Blanco, bebida de mango y cilantro, piña, cítricos y tintura especiada de aguardiente), o se apoltronan en uno de los taburetes de madera del Sip Sip, el bar hundido que mira al Índico, con un Maldivian Milk Punch (ron Bacardí, arrak envejecido y sirope especiado).

AYANA Resort and Spa, Bali: En lo alto de un acantilado sobre la bahía de Jimbaran, el AYANA posee una docena de piscinas y villas atendidas por mayordomos escondidas en los jardines. El Rock Bar es tal vez lo más asombroso del establecimiento, a pesar de las incómodas aglomeraciones para ver la puesta del sol, 14 metros (46 pies) por encima del océano Índico, con una ginebra con infusión de manzanilla y tónica o un Lychee Martini con hoja de combava.

Halekulani, Hawái: Empezó alojando pescadores en la playa Waikiki de Honolulú en 1883, pero en 1907 ya era un hotel en toda regla. Un éxito como destino de luna de miel, el Halekulani promete martinis de fresa y albahaca y jazz en vivo en el Lewers Lounge, aunque lo mejor es la House Without a Key, con una parte interior y otra exterior. Sentado bajo un kiawe o algarrobo pálido centenario, con la vista en el cráter Diamond Head y con la serenata del ukelele, es la situación ideal para probar el Mai Tai que elaboran.

Hotel Il Pellicano, Porto Ercole, Italia: Italia se llena de vida –y de turistas– en verano. Huye de la muchedumbre en Il Pellicano, un refugio apartado en la costa toscana entre Roma y Pisa (en 1965, una pareja creó este escondite romántico en una cala secreta). Aléjate de tu propia terraza con buganvilla para ir a la del bar All'Aperto, donde las vistas al mar se acompañan con un Martini teñido con licor mandarinetto hecho en Campania.

Hotel du Cap-Eden-Roc, Antibes, Francia: Es una leyenda de la Riviera Francesa desde sus inicios como villa para intelectuales en 1870, y ha visto pasar a miembros de la realeza y celebridades, como los duques de Windsor, Rita Hayworth y Pablo Picasso. Con su piscina desbordante excavada en la roca y cabañas recónditas, sigue ofreciendo cobijo para las vacaciones de una clientela selecta. Uno de los lugares preferidos para saborear el Mediterráneo es la curvilínea terraza del Eden-Roc Bar sosteniendo un Fancy Fizz (ginebra Bombay Sapphire, cerveza de jengibre, zumo de limón, sirope de agave y caña de limón).

N.º 32

Not For Everybody

LE CHURCHILL
DE LA MAMOUNIA,
MARRAKECH, MARRUECOS

INGREDIENTES

50 ml (1 ¾ fl oz) de ginebra con infusión
  de albahaca*
20 ml (⅔ fl oz) de jarabe o shrub de fresa**
50 ml (1 ¾ fl oz) de zumo de fresas recién
  hecho
3 gotas de bíter de romero
ramita de romero, para decorar

* *Para la ginebra con infusión de albahaca
  (salen 700 ml [24 fl oz]):*
700 ml (24 fl oz) de ginebra Beefeater 24
50 g (2 oz) de hojas de albahaca fresca

** *Para el shrub de fresa (sale 1 litro
  [34 fl oz]):*
1 kg (2 lb 4 oz) de fresas, limpias
  y en cuartos
1 kg (2 lb 4 oz) de azúcar demerara
500 ml (17 fl oz) de vinagre de vino tinto

ELABORACIÓN

Para la infusión de ginebra con albahaca,
combina la ginebra y la albahaca en un
recipiente no reactivo y resérvalo en
un lugar seco y oscuro 14 días. Cuela la
ginebra en un recipiente esterilizado y
hermético, y refrigéralo; se conserva hasta
2 meses.
  Para el shrub de fresa, mezcla las fresas
con el azúcar en un recipiente, cúbrelo
y refrigéralo 72 horas. Pon la mezcla en
un cazo y cocina a fuego lento hasta que
reduzca una quinta parte. Deja templar y
añade el vinagre. Cuela en un recipiente
esterilizado y deja reposar 24 horas antes
de usar. Consérvalo en frío hasta 2 meses.
  Para el cóctel, combina todos los
ingredientes en la coctelera llena de hielo.
Cuela en un vaso lleno de hielo y decora
con una ramita de romero.

El hombre que sabía demasiado, el thriller
de 1956 de Alfred Hitchcock, con Doris Day
cantando *Qué será, será*, se centra en una
familia que sin darse cuenta se ve implicada
en la trama de un asesinato durante sus
vacaciones en Marruecos. Los fans de La
Mamounia reconocerán inmediatamente la
majestuosa fachada de color ocre del hotel
en la pantalla, dado que el edificio forma
parte de la cultura de Marrakech tanto como
las callejuelas de la cercana medina. La
Mamounia, una mezcolanza de arquitectura
tradicional marroquí salpicada de *art déco*,
abrió en 1923, en la propiedad que el sultán
Sidi Mohammed ben Abdallah regaló a su
hijo Mamoun en el siglo XVIII. Los famosos
adoraban La Mamounia, pero el huésped que
seguramente más la disfrutó fue Winston
Churchill. La primera vez que le hechizó
La Mamounia y Marrakech, ciudad que él
llamaba la «París del Sáhara», fue en los años
treinta, durante un viaje dedicado a la pintura.
Regresaba cada invierno. El lugar ha cambiado
bastante desde que el estadista se maravillara
ante la cambiante luz de las montañas del
Atlas, pero no los inmensos jardines con hileras
de olivos y rosales. Pasea por ellos y luego
siéntate en la penumbra de Le Churchill para
un nuevo atisbo del pasado.

N.º 33

Sarova Stanley Spinner

EXCHANGE BAR
DEL SAROVA STANLEY,
NAIROBI, KENIA

INGREDIENTES

30 ml (1 fl oz) de vermut extra seco
  Martini
30 ml (1 fl oz) de Campari
30 ml (1 fl oz) de ginebra
30 ml (1 fl oz) de Cointreau
tira de piel de naranja, para decorar

ELABORACIÓN

Pon todos los ingredientes en la coctelera llena de hielo y agita. Cuela en una copa Martini con un gran cubito de hielo dentro, y decora con la piel de naranja.

La evolución de Nairobi, de barrizal destartalado a metrópolis africana, se vio favorecida por la construcción de la vía férrea iniciada en 1896 en la entonces capital del país, Mombasa. En 1902, Nairobi se había ido desarrollando, de modo que Mayence Bent abrió un hostal para hospedar a los empleados ferroviarios, donde les servía productos de la granja de su esposo. Cuando el Gran Incendio de Victoria Street destruyó el edificio, los resueltos Bent se trasladaron a uno nuevo y abrieron el establecimiento Stanley, de dos pisos, el primer hotel de la ciudad desde cuyo porche se podía admirar el Kilimanjaro. Ahora, como parte del grupo keniano Sarova Hotels & Resorts, el Stanley mantiene el recuerdo de un pasado marcado por visitas de Frank Sinatra, la entonces princesa Isabel de Inglaterra y Ernest Hemingway, con la ayuda de elementos como el pavimento blanco y negro del vestíbulo, que aún conserva. Atiborrado de piel colorada y madera de caoba, el bar Exchange, antes llamado Long Bar, es la antigua sede de la primera bolsa de Nairobi, fundada en 1954. Bajo los ventiladores que cuelgan del techo, ahora muchos viajeros de negocios conversan mientras toman combinados de ron y daiquiris de plátano.

La tradicional receta de tres partes iguales del Negroni se amplía con la presencia del Cointreau en este cóctel, de sabores que recuerdan un Aperol Spritz, pero sin burbujas.

DONDE RESIDE LO SALVAJE

En el Royal Chundu Island Lodge, en Katambora, Zambia, durante su estancia, los huéspedes realizan safaris en barca, flotando por el río Zambeze para observar elefantes, hipopótamos, antílopes acuáticos y cocodrilos. Además disponen de tiempo para visitar las cataratas Victoria, caminar entre baobabs, pescar peces tigre y madrugar para una excursión en crucero al amanecer. Cuando cesan todas las actividades, cuando la oscuridad está a punto de invadir el cielo, es momento de recogerse en el River Lodge antes de la cena, que se sirve alrededor de una hoguera que pone la última nota de color al día. Casi todos tendrán en la mano un Gin Tonic.

Cada día vale la pena ver cómo la puesta de sol tiñe el cielo con tonos rojos y naranjas. El ritual del trago a esta hora, mientras uno se maravilla ante el desvanecimiento del sol africano, data del siglo XIX, cuando los oficiales británicos, exhaustos tras un largo día en el camino, se recuperaban con un vaso fresco de ginebra. Desde aquella época colonial, la costumbre ha evolucionado. La bebida ahora suele ser un Gin Tonic, y es un componente esencial de las vacaciones en África, en particular de los safaris contemplativos.

Los alojamientos de safari no son como los típicos hoteles, y sus bares son pequeños y básicos; no son lugares para degustar lo último en combinados con mezcal y tinturas artesanas. La mayoría de bebidas que se sirven son sencillas, incluidas en paquetes donde todo va incluido. Algunos, como los campamentos y establecimientos gestionados por el grupo con filosofía sostenible Singita de Sudáfrica, Tanzania, Zimbabue y Ruanda, cuentan con guías equipados para satisfacer a los clientes ofreciendo Gin Tonics que cargan en las surtidas neveras portátiles de sus vehículos. En África, no hay un local espectacular donde quedar admirado cuando llega la *happy hour*, sino un paisaje. Ni los más talentosos diseñadores pueden competir con el momento cóctel ante el paseo de una jirafa.

Los huéspedes del Singita Kwitonda Lodge, en el límite del Parque Nacional de los Volcanes de Ruanda, pueden relajarse con un whisky frío en su piscina privada climatizada después de una excursión polvorienta en busca de gorilas, y en el Royal Malewane, en el Parque Nacional Greater Kruger de Sudáfrica, antes de las cenas de campo a la luz de los faroles, se ofrece una degustación de la vasta colección de whiskys del hotel.

Beber ante el crepúsculo es, pues, una manera de recordar, de forma colosal y simple a la vez, que viajar es una oportunidad sin igual para celebrar y profundizar nuestra conexión con la madre naturaleza.

COCTELES DEL MUNDO

N.º 34

Passion Fruit Gin Cocktail

TRAVELLERS BAR DEL
ROYAL LIVINGSTONE
VICTORIA FALLS ZAMBIA
HOTEL BY ANANTARA,
LIVINGSTON, ZAMBIA

INGREDIENTES

50 ml (1 ¾ fl oz) de ginebra seca
  (el bar usa Mundambi, elaborada
  para el hotel por la destilería
  sudafricana New Harbour)
25 ml (¾ fl oz) de licor triple seco
2 ¼ cucharaditas de zumo
  de limón recién exprimido
5 ml (1 cucharadita) de puré
  de maracuyá
2 gotas de amargo de Angostura
tira de piel de limón, para decorar

ELABORACIÓN

Combina todos los ingredientes
excepto el bíter en la coctelera
llena de hielo y agita. Cuela en
un vaso de whisky lleno de hielo,
añade el amargo de Angostura
y decora con la piel de limón.

A mediados del siglo XIX, David Livingstone, el médico escocés, misionario y explorador del África del sur y central, fue el primer europeo en dar con una catarata en el río Zambeze, en la frontera entre Zambia y Zimbabue. Era conocida como Mosi-oa-Tunya (Humo que Retumba) en el idioma lozi local, pero Livingstone, británico leal, decidió bautizarla como su reina. Consideradas las cataratas más grandes del mundo, las Victoria son una visión fantástica. Imagina despertar con el zumbido de un ventilador de techo en tu suite colonial de tonos crema, desayunar en el porche y luego pasear hasta este espectacular salto de agua a solo cinco minutos. En el complejo situado dentro del Parque Nacional Mosi-oa-Tunya siempre da la sensación de estar de safari. Los animales salvajes se mueven libremente por el parque, de modo que es posible ser sorprendido por una cebra mientras uno apura su capuchino. Antes de cenar a bordo de la locomotora que avanza con resoplidos por el valle del río Zambeze, toma una copa de ginebra en el Travellers Bar. Lleno de huéspedes recostados en butacas de capitoné, ofrece música de piano en directo que te tentará a volver a por otra copa antes de acostarte.

N.º 35

Rose Ginvino

WILLASTON BAR
DEL SILO HOTEL,
CIUDAD DEL CABO,
SUDÁFRICA

INGREDIENTES

50 ml (1 ¾ fl oz) de ginebra rosa
    South African Musgrave
25 ml (¾ fl oz) de vino Marras
    Chenin Blanc
25 ml (¾ fl oz) zumo de lima
    recién exprimido
25 ml (¾ fl oz) zumo de pomelo
    recién exprimido
20 ml (⅔ fl oz) sirope de rosa
1 clara de huevo
pétalos de rosa, para decorar

ELABORACIÓN

Combina todos los ingredientes
en la coctelera, añade la clara
de huevo al final, luego acaba de
llenar con hielo y agita bien. Cuela
en una copa Martini y decora con
los pétalos.

El museo Zietz MOCCA une presente y pasado
en la zona del V&A Waterfront de Ciudad
del Cabo. Este tesoro que aglutina el arte
contemporáneo de África y su diáspora, se
construyó en un complejo de silos de cereal
de 1924 en ruinas, un proyecto a cargo del
Heatherwick Studio londinense, y en su
momento fue el edificio más alto del África
subsahariana. Justo sobre el museo se
encuentra el Silo Hotel. Inaugurado en 2017,
con su propia galería de arte y una piscina
en la panorámica azotea, su presencia es
imponente, y sus ventanas en forma de
almohada suavizan el exterior de hormigón
que se ha conservado. Dentro, el tono
industrial cede paso a la exuberancia, las
habitaciones con arañas de cristal abundan en
colorido, los baños ofrecen un regalo para la
vista y los suelos destellan en blanco y negro.
Bautizado con el nombre del primer barco que
exportó cereales a Europa, el bar Willaston,
en el sexto piso, es igual de deslumbrante.
Acomódate en un taburete verdoso o en una
de las banquetas circulares azuladas y pide
un Iceplant Negroni con ginebra Bombay
Sapphire aromatizada con higos turcos y
Aperol. A través de los cristales ondulados,
quedarás embelesado ante la visión de
montaña de la Mesa y el puerto.

SILO HOTEL
CIUDAD DEL CABO, SUDÁFRICA

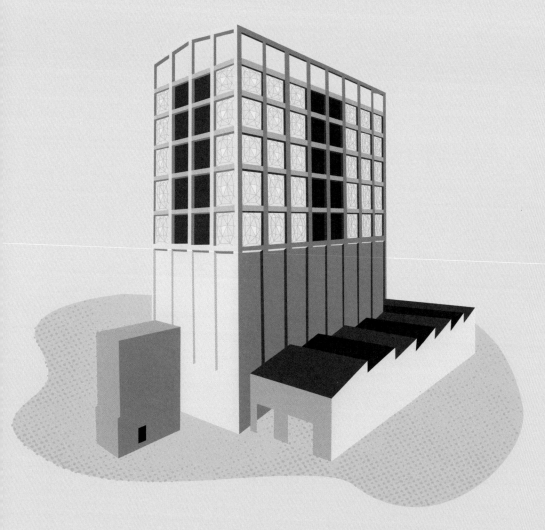

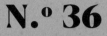

N.º 36

Aberfeldy
Fashion

THE CLUB BAR
AND CIGAR LOUNGE
DEL OBEROI,
NUEVA DELHI, INDIA

INGREDIENTES

50 ml (1 ¾ fl oz) de whisky escocés
Aberfeldy 28-Year-Old Single Malt
1 cucharadita de jarabe de arce
2 chorritos de bíter casero* o bíter
Angostura de naranja

* Para el bíter casero (salen 250 ml
[8 ½ fl oz]):
5 g (6-7) de estrellas de anís
5 g (1 cucharada) de clavos de olor
5 g (2 ½ cucharaditas) de semillas
de hinojo
5 g (2 cucharaditas) de granos
de pimienta Szechuan chafados
3 ramitas (2 ⅓ in [10 g / ½ oz]) de canela
de Ceilán
250 ml (8 ½ fl oz) de vodka

ELABORACIÓN

Para el bíter casero, pon todas las
especias en un tarro y añade el vodka.
Deja reposar en un lugar oscuro 3 horas,
removiendo cada hora. Cuela en un
tarro o botella esterilizado. El bíter se
conserva años.

Para el cóctel, pon todos los
ingredientes en el vaso mezclador y
remueve bien. Sirve en un vaso Old
Fashioned sobre una esfera de hielo.

Cualquier empresario menos tenaz habría
tirado la toalla si la inauguración de este
hotel hubiera coincidido con la guerra indo-
pakistaní de 1965, pero M. S. Oberoi, que había
adquirido el Grand Hotel de Calcuta justo
antes del inicio de la Segunda Guerra Mundial,
perseveró una vez más ante el levantamiento.
Hizo bien, porque el Oberoi de Nueva Delhi
—el buque insignia de la marca de hoteles
de lujo india que creó en 1934— fue el primer
gran establecimiento, moderno, con vocación
de servicio, incluso en contratación, de un
movimiento sin precedentes: contaba con
personal femenino para el servicio de pisos.
Cuando el diseñador Adam D. Tihany reformó
el hotel en 2018, por donde habían pasado
Omar Sharif, Mick Jagger e innumerables
estrellas de Bollywood, lo hizo respetando
su historia. Ofrece un aspecto más claro
y fresco, pero lo más importante es que la
pantalla jali del vestíbulo que guía al visitante
por el pasillo de mármol, y el mobiliario del
arquitecto británico Edwin Lutyens, que
diseñó numerosos lugares de referencia de
Nueva Delhi, son actualizaciones llenas
de buen gusto. El Club Bar and Cigar Lounge,
donde oirás pedir Negroni o coñac Alexander,
es una sala tipo biblioteca teñida de rojo y
granate. Con detalles de latón y alfombras
tejidas a mano bajo los pies, es evidente que
se ha abierto un nuevo capítulo.

Para aprovechar al máximo el Aberfeldy
Fashion, haz como la clientela del Club Bar
and Cigar Lounge, y degústalo mientras fumas
relajadamente un Cohiba Robusto, de aroma
leñoso y especiado.

INGREDIENTES

1 cucharadita de aceite de pachuli
45 ml (1 ½ fl oz) de ginebra
30 ml (1 fl oz) de zumo
   de remolacha fresco
25 ml (¾ fl oz) de zumo
   de limón y yuzu (el bar usa yuzu
   fresco, pero la lima es un buen
   sustituto)
15 ml (½ fl oz) de sirope
   de jengibre*
1 ostra fresca, para servir

*Para el sirope de jengibre
   (salen 500 ml [17 fl oz]):
500 ml (17 fl oz) de zumo
   de jengibre recién licuado
500 g (1 lb 2 oz) de azúcar glas

ELABORACIÓN

Para el sirope de jengibre, combina el zumo de jengibre con el azúcar en un recipiente y deja reposar 6 horas. Pásalo por un colador fino. El sirope se puede conservar en el frigorífico hasta 3 meses.

Agita el aceite de pachuli con hielo unos 10 segundos, luego cuela con colador fino en un vaso. Mezcla el resto de líquidos en la coctelera llena de hielo y agita. Cuela dos veces en un vaso Old Fashioned. Sirve con una ostra aparte.

La marca de los W Hoteles, con inclinación por la música y la moda, dio un giro hacia algo más sereno cuando el W Maldivas abrió en la isla privada de Fesdu en North Ari Atoll, en 2006. El complejo, al cual se accede en lancha, se define por una red de muelles de madera que conducen a las casitas con techumbre de paja dotadas de piscinas, la mayoría suspendidas sobre el agua y con ventanas circulares con vistas a la fauna de la laguna. El paisaje acuático, punteado por playas de arena blanca, lagunas turquesa y arrecifes, significa que las aventuras del día a día se reparten buceando, practicando la inmersión o pescando. Relajarse entre una y otra actividad también es una prioridad aquí, y resulta una tarea fácil gracias a los balancines, las camas de exterior y las tumbonas al sol con que están equipados los bungalós. Incluso los baños se toman al fresco. Al anochecer, acurrucado en un sofá de exterior con un cóctel de lichi, es cuando el bar SIP se encarga de que el estado de relajación continúe. En consonancia con la filosofía de ocio nocturno de los W Hoteles, habrá un disc-jockey, pero la principal atracción será ver el ardiente colorido de la puesta de sol sobre el océano Índico, una conmovedora pausa antes del ágape a base de alimentos a la barbacoa alrededor de una hoguera.

N.º 37

My Heart Beets For You

SIP DEL
W MALDIVES,
ISLA FESDU, MALDIVAS

125

ASIA ORIENTAL
Y PACÍFICO

ASIA ORIENTAL Y PACÍFICO

El caos es desenfrenado en Asia, si bien existe cierta poesía en las motocicletas que circulan a toda velocidad y los tuk-tuk que maniobran entre automóviles que no pueden avanzar. Aquí, la energía pasa del desconcierto al desaliento y el alborozo, y el bar de hotel es un refugio reconfortante tras un día de desbarajuste en las calles. Los bares de azotea, populares especialmente en Australia y Bangkok, donde lugares como The Speakeasy del Hotel Muse son una visita tan obligada en los itinerarios turísticos como la del templo Wat Pho, tienen la ventaja añadida de una vista de pájaro sobre la ciudad. Las cartas de cócteles en este rincón del mundo cada vez reflejan más el brillo de los rascacielos que recortan el horizonte, aunque existe un costumbrismo atemporal que pervive en los bares de hotel asiáticos. El Captain's Bar abrió en el Mandarin Oriental de Hong Kong en 1963, y las antiguas mamparas de cristal siguen delineando las mesas, del mismo modo que incontables barriles de cerveza siguen dispuestos a la vista de la clientela. Lo cual demuestra que la tradición puede convivir en paz con la modernidad.

N.º 38

Lost in Translation (L.I.T.)

NEW YORK BAR
DEL PARK HYATT TOKYO,
TOKIO, JAPÓN

INGREDIENTES

40 ml (1 ¼ fl oz) de sake japonés
10 ml (⅓ fl oz) de licor
  de melocotón
10 ml (⅓ fl oz) de licor Sakura
20 ml (⅔ fl oz) de zumo
  de arándano rojo
10 ml (⅓ fl oz) de zumo de lima
  recién exprimido

ELABORACIÓN

Pon todos los ingredientes en la coctelera llena de hielo y agita. Cuela en una copa Martini.

Quizás el Park Hyatt Tokyo quede vinculado para siempre a la oscarizada película de 2003 *Lost in Translation*, de Sofia Coppola. Y aunque los personajes Bob, interpretado por Bill Murray, y Charlotte, por Scarlett Johansson, no se hubieran conocido aquí, en las alturas del barrio Shinjuku, por encima de sus luces de neón, el hotel seguiría siendo un lugar excitante.

Ubicado en la parte superior (pisos 39 a 52) de un rascacielos compuesto de tres bloques —uno de los más elevados de la ciudad— y diseñado por el fallecido Kenzo Tange, el Park Hyatt Tokyo abrió en 1994. Las líneas limpias y sosegadas abundan en las habitaciones y el monte Fuji nevado a lo lejos es el compañero de baño en una de las más bellas piscinas del mundo.

En lo más alto del hotel, en el piso 52, se encuentra el New York Bar (sí, aquí es donde Bob y Charlotte rompen el hielo, el «momento Suntory»). Las vistas del caótico *skyline* de Tokio desde los grandes ventanales son, por supuesto, excelentes, pero se complementan con las pinturas de estilo pop de Valerio Adami y los solomillos asándose en la plancha. Como el Matured-Fashioned, con bourbon Woodford Reserve envejecido *in situ*, azúcar japonés wasanbon de grano fino, bíteres y piel de naranja, el New York Bar ejemplifica la importancia de la simplicidad, eso sí, aquí cara.

ASIA ORIENTAL Y PACÍFICO

N.º 39

Mount Fuji Riff

OLD IMPERIAL BAR
DEL IMPERIAL HOTEL,
TOKIO, JAPÓN

Creado por Julia Momose

INGREDIENTES

- 45 ml (1 ½ fl oz) de ginebra Suntory Roku
- 15 ml (½ fl oz) de zumo de limón recién exprimido
- 15 ml (½ fl oz) de sirope básico (p. 11)
- 25 ml (¾ fl oz) de zumo de piña fresco
- 25 ml (¾ fl oz) de nata para montar
- 1 clara de huevo
- 1 cereza Amarena, para decorar

ELABORACIÓN

Pon todos los ingredientes en la coctelera llena de hielo y agita, luego cuélalo y vierte de nuevo en la coctelera, agítala sin hielo hasta que no queden rastros de hielo. Vierte en una copa Pompadour refrigerada y decora el borde con una cereza Amarena.

Cerca del Palacio Imperial de Tokio, Frank Lloyd Wright, genio de la arquitectura americana, completó la segunda encarnación del Imperial Hotel en 1923 (el original se inauguraba en 1890). Diseñado para captar la atención de los turistas occidentales, el complejo, construido a lo largo de un patio, se edificó sobre cimientos flotantes en un estilo entre cultura maya y futurismo industrial que, a pesar de sobrevivir al gran terremoto Kantō, tristemente fue derribado en 1968. Los nostálgicos se alegraron de que el vestíbulo y la piscina se reprodujeran en el museo de arquitectura Meiji-Mura de Inuyama al aire libre. Del mismo modo, cuando en 1970 surgió un nuevo Imperial Hotel en su antigua ubicación, se regocijaron con el diseño del Old Imperial Bar, que aprovechaba la cerámica y piedra de Ōya recuperada de tiempos de Wright. Aparte de estos hermosos vestigios de la década de 1920, se trata de un establecimiento con un delicioso estilo vintage, que recuerda la época en que figuras de la talla de Charlie Chaplin, Marilyn Monroe y Joe DiMaggio se refugiaban en el hotel. Siéntate en la barra, iluminada por una hilera simétrica de lámparas, y deja que los corteses bármanes preparen martinis y sirvan whiskys escoceses sobre cubitos de hielo perfectos, y repongan tu ración de kaki-pi, el tentempié adictivo a base de galletas de arroz y cacahuetes que al parecer se inventó aquí.

El Mount Fuji, que recibe el nombre del volcán que tanto adoraba Frank Lloyd Wright, se sirve desde hace décadas en el Old Imperial Bar, y la receta exacta sigue siendo un misterio. Con la incorporación de los seis ingredientes principales del Mount Fuji, Julia Momose, directora creativa del bar de inspiración japonesa Kumiko, en Chicago, elaboró su propia versión de la bebida.

EN EL CANDELERO:
POLÍTICA, PERSONAJES Y ACONTECIMIENTOS
una guarnición de historia con cada ronda

SUCEDIÓ
UN DÍA

Cuando abrió el Caravelle Saigon, en 1959, se consideró uno de los edificios más altos y modernos de Vietnam, pero esta bienvenida dosis de lujo no aliviaba el dolor y la incertidumbre que asolaban el país, que todavía sufría los desastres de la guerra iniciada en 1955. Cinco años más tarde, por ejemplo, estallaría una bomba en el quinto piso del Caravelle. El Saigon Saigon Rooftop Bar supuso un remanso de paz, porque aquí los políticos, los periodistas internacionales como Peter Jennings (los despachos de Saigón de las cadenas ABC, CBS y NBC se establecieron en el Caravelle en los años sesenta) y los soldados podían sentarse alrededor de unas cervezas y observar las batallas más allá del río Saigón desde sus balcones y terrazas.

Menos dramáticas son las historias de los siguientes hoteles americanos que fueron escenario de hechos políticos y culturales:

Hay-Adams, Washington, D. C.: Este hotel es un homenaje a los peces gordos John Hay (antiguo secretario de Estado y secretario personal de Abraham Lincoln) y William Adams (historiador, profesor de Harvard y miembro de la familia presidencial Adams). A poca distancia de la Casa Blanca, el hotel se alza en el lugar donde Hay y Adams ofrecieran reuniones animadas en sus casas de estilo románico, que atraían a personajes como Mark Twain y Henry James. El Off the Record parece un viejo bar, pero no lo es (se inauguró en la década de 1980). Aun así, las caricaturas de las figuras políticas colgadas en las paredes, y el momento *happy hour* a base de martinis de pera en los copetudos sofás rojos se remontan a un tiempo en que los políticos, animados tras unas rondas de Old

Fashioned, intercambiaban secretos y urdían estrategias.

Roosevelt New Orleans: Seymour Weiss, propietario del hotel Roosevelt New Orleans, que es ahora parte de la colección Waldorf Astoria, era amigo del gobernador de Luisiana y senador de los EE. UU. Huey P. Long, que tenía reservada una suite en el piso 12 del hotel. La bebida predilecta del político era el espumoso y laborioso Ramos Gin Fizz. Le gustaba hasta tal punto que en 1935, como ardid publicitario, engatusó al entonces jefe de barra del Roosevelt, Sam Guarino, para que fuera a Nueva York y enseñara al desorientado personal del New Yorker Hotel a preparar la bebida. Bautizado con el nombre del cóctel oficial de Nueva Orleans, el Sazerac Bar abrió en el Roosevelt en 1949, y el día de la inauguración se presentó un grupo de mujeres —en aquella época, solo podían entrar en el bar durante las celebraciones de Mardi Gras— pidiendo que les sirvieran, y nació una tradición que se repite cada año y se conoce como «*Storming of the Sazerac*». Hoy, los murales *art déco* de Paul Ninas y los paneles de madera africanos recuerdan aquella promesa de mediados del siglo pasado, especialmente porque muchos de los clientes toman un Ramos Gin Fizz.

Algonquin Hotel Times Square, Nueva York: Cuando abrió en 1902, la tarifa eran dos dólares la noche. Se trata del hotel que presuntamente lleva más tiempo funcionando sin interrupción en Nueva York y es recordado por la Mesa redonda del Algonquín: los almuerzos diarios acompañados de bebidas que durante más de una década reunieron a escritores como Dorothy Parker, Alexander

Woollcott, Robert Benchley y el fundador del *New Yorker*, Harold Ross. En 1923, el primer residente felino del Algonquin se convirtió en un símbolo más del hotel. Aquel espíritu literario optimista posterior a la Primera Guerra Mundial se ha desvanecido, pero, con algo de imaginación, el Blue Bar, que abrió justo después del fin de la Ley Seca, todavía puede transportarte a otra década con su potente cóctel Rob Roy y descarga de luz azul.

Hotel Jerome, Aspen, Colorado: A finales del siglo XIX, la fiebre de la plata puso Aspen en el mapa, y desde entonces, cuando el presidente de los grandes almacenes Macy's, Jerome Wheeler, lo abrió en 1889, el Hotel Jerome ha desempeñado un papel importante en el ascenso de la ciudad de centro minero a estación de esquí chic. Tras la crisis de 1893, el Hotel Jerome consiguió mantenerse a flote como casa de huéspedes, pero tras la Segunda Guerra Mundial empezaron a llegar famosos para alojarse en el remodelado establecimiento en sus estancias de esquí. En 1970, cuando Hunter S. Thompson se presentó para sheriff de Pitkin County, montó su oficina en el J-Bar del Jerome. Con un estilo kitsch de oeste americano, el rústico bar es ideal para una juerga tranquila y tomar el Aspen Crud, un batido de helado de vainilla animado con chupitos de bourbon Jim Beam, inventado en el J-Bar cuando se prohibió servir alcohol durante la Ley Seca.

Remontarse a un
tiempo en que los
políticos, animados
tras unas rondas
de Old Fashioned,
intercambiaban secretos
y urdían estrategias.

INGREDIENTES

45 ml (1 ½ fl oz) de London Dry Gin
15 ml (½ fl oz) de vino de frambuesa
  Bokbunja
10 ml (⅓ fl oz) de fino
5 ml (1 cucharadita) de licor de casis
3 chorritos de bíter Peychaud
3 chorritos de ajenjo
15 ml (½ fl oz) de agua de miel*
15 ml (½ fl oz) de zumo de limón recién
  exprimido
½ cucharadita de clara de huevo

*Para el agua de miel (salen 120 ml
  [4 fl oz]):
90 ml (3 fl oz) de miel
30 ml (1 fl oz) de agua caliente

ELABORACIÓN

Para el agua de miel, combina la miel y
el agua caliente en un tarro y remueve.
Refrigera.
  Para el cóctel, pon todos los ingredientes
en la coctelera y agita sin hielo hasta que
se forme espuma, luego añade hielo y
agita de nuevo. Cuela dos veces en una
copa Nick & Nora.

Décadas antes de que bares –y bármanes–
adquirieran visos de celebridades, estaba el
bon vivant Charles H. Baker Jr. Era escritor
de revista y heredó una considerable suma de
dinero con la que se costeó un crucero
alrededor del mundo que le cambiaría la
vida. Sus crónicas de misteriosos cócteles
saboreados en locales remotos condujeron
a la publicación del libro *The Gentleman's
Companion* en 1939. Baker, cuyas chistosas
anécdotas y recetas son apreciadas en
muchas barras, sin duda se habría sentido
como en casa en este refinado bar que lleva
su nombre.
  Abierto en 2015, su diseño se inspira en
dos fuentes dispares: los bares clandestinos
de Nueva Inglaterra y la decoración de los
palacios reales coreanos, lo cual se traduce
en elementos destacados como paneles
metálicos sobre formas animales o mosaicos
de cristal que recuerdan la técnica del nácar
esmaltado.
  La carta de cócteles es cambiante, de
forma que cuando está dedicada, digamos,
a los viajes de Baker por México, ofrece
creaciones a las hierbas como el cristalino
Ms Frida, con tequila, pomelo, refresco de
lavanda, bergamota y tónica. El Remember
the Maine, el cóctel de centeno, vermut dulce,
Cherry Heering y ajenjo, que Baker descubrió
en la Habana durante la Revuelta de los
sargentos de 1933 y luego inmortalizó en las
páginas de su libro, siempre es una buena
opción.

Raspberry Calling

CHARLES H.
DEL FOUR SEASONS HOTEL,
SEÚL, COREA DEL SUR

Creado por Keith Motsi

ASIA ORIENTAL Y PACÍFICO

CÓCTELES DEL MUNDO

N.º 41

Moods of Love

LONG BAR DEL
WALDORF ASTORIA
SHANGHAI ON
THE BUND,
SHANGHÁI, CHINA

INGREDIENTES

60 ml (2 fl oz) de bourbon Michter's
20 ml (⅔ fl oz) de licor de melocotón
10 ml (⅓ fl oz) de zumo de limón recién
   exprimido
10 ml (⅓ fl oz) de licor triple seco Luxardo

ELABORACIÓN

Pon todos los ingredientes en la coctelera
llena de hielo y agita. Cuela dos veces en
una copa flauta.

Los orígenes del Long Bar —inaugurado al
mismo tiempo que el hotel Waldorf Astoria en
2010— son marcadamente poco democráticos.
En 1910, cuando los privilegiados miembros
del altivo Shanghai Club solo para colonos
británicos empezaron a reunirse en el local,
la barra —entonces la más larga del Lejano
Oriente— era un espacio jerarquizado. Se
prohibía a las mujeres acercarse a ella y
solo los caballeros de una específica estirpe
podían ocupar el territorio sagrado junto a
la ventana; los de menos alcurnia quedaban
relegados al fondo.

La actual versión abierta a cualquiera del
Long Bar fue recreada fielmente con ayuda de
fotos de archivo, con mesas de mármol, cristal
emplomado y jazz en directo.

El Seaman's Fizz (ron Havana Club, sirope
de romero y miel, zumo de pomelo, nata y
clara de huevo) conmemora la transformación
en 1956 del Shanghai Club en el Seaman's
Club, pero el Colonel Sanders Margarita, con
tequila al aroma de beicon y puré casero de
piña y caña de limón, rinde homenaje a las
extravagantes raíces del Long Bar como bar
de comida rápida: en el local donde se ubicaba
la barra, se abrió la cocina con olor a pollo
frito del primer Kentucky Fried Chicken de
Shanghái en 1989.

Blue Moon

LOBSTER BAR AND GRILL DEL ISLAND SHANGRI-LA, HONG KONG

Creado por Paolo De Venuto

INGREDIENTES

550 ml (1 ¾ fl oz) de vodka Absolut
25 ml (¾ fl oz) de curasao azul
20 ml (⅔ fl oz) de licor St. Germain
5 ml (1 cucharadita) de ajenjo
30 ml (1 fl oz) de zumo de limón
   recién exprimido
20 ml (⅔ fl oz) de clara de huevo
15 ml (½ fl oz) de sirope de copos
   de maíz*
1 copo de maíz, para decorar

* Para el sirope de copos de maíz
   (salen 2 litros [70 fl oz]):
400 g (14 oz) de copos de maíz
   (cornflakes)
2 litros (70 fl oz) de agua mineral
1 kg (2 lb 4 oz) de azúcar glas

ELABORACIÓN

Para el sirope de copos de maíz,
combina los *cornflakes* con 1 litro
(34 fl oz) de agua mineral y tritúralo.
Añade el resto de agua y mezcla.
Cuela la mezcla: reserva el maíz y
desecha el exceso de agua. Pon la
pulpa en un cazo con el azúcar a
fuego medio y remueve hasta que
se disuelva. Deja templar el sirope y
viértelo en una botella esterilizada.
Se conserva hasta dos semanas en el
frigorífico.

Para el cóctel, agita todos los
ingredientes sin hielo o tritúralos
en la coctelera para obtener más
espuma. Agita bien, luego cuela en
un vaso de whisky sobre un cubito de
hielo. Decora con un copo de maíz.

No faltan clubes en Hong Kong y varios se
hallan en hoteles. Aun así, el Lobster Bar and
Grill se llena cada noche. Un puntal desde que
abrió en el hotel Island Shangri-La de Hong
Kong, en 1991 (detente en el vestíbulo para
contemplar las grandiosas lámparas de araña),
posee el atractivo de un local cosmopolita,
la clase de lugar que le falta al ocio nocturno
de hoy en día. Pero desgastado no significa
aburrido. Al menos, aquí no.

Una de las razones de que el Lobster Bar
and Grill siga siendo tan popular son las
impactantes bebidas de las cartas temáticas:
una de las bebidas rinde homenaje a la novela
de James Hilton, *Lost Horizon*, escrita en 1933;
se ofrece una versión asiática del Gimlet,
con licor de manzana, sirope de azamboa y
cúrcuma; hallamos un ingenioso Old Fashioned
(bourbon Michter's, azúcar moreno, sal rosa y
chocolate), que se adapta al Lejano Oriente con
la adición de arroz tostado, e incluso un Vodka
Martini reinventado con mantequilla de algas,
hoja de ostra y caviar estimulando sugerentes
notas marinas. El personal, educado y afable,
dispuesto a una charla, aporta también
encanto a la velada.

El barman Paolo de Venuto creó esta
bebida inspirado en el río verde azulado que
serpentea por el valle de la Luna de Yunnan,
China. Los copos de maíz son una base añadida
con travesura en honor a uno de sus gustos
favoritos de la infancia.

N.º 43

Thaijito

THE BAMBOO BAR DEL
MANDARIN ORIENTAL,
BANGKOK, TAILANDIA

INGREDIENTES

1 rodaja de jengibre fresco
1 rodaja de caña de limón fresca
3 cuñas de lima
1 cucharadita de azúcar moreno
60 ml (2 fl oz) de Mekhong Thai
  Spirit
10 ml (⅓ fl oz) de zumo de lima
  recién exprimido
10 ml (⅓ fl oz) de sirope básico
  (p. 11)

ELABORACIÓN

Maja el jengibre, la caña de limón,
la lima y el azúcar en el fondo de un
vaso de whisky. Añade hielo picado.
Luego incorpora el Mehkong, el
zumo de lima y el sirope básico.

Tailandia aún era conocida como Siam cuando el hotel Oriental, ahora perteneciente al grupo Mandarin Oriental, abrió junto al río Chao Phraya en 1876. Como primer hotel de lujo del reino, atrajo a la realeza, pero también se alojaron aquí un buen número de escritores, como W. Somerset Maugham, Joseph Conrad y Graham Greene. El Authors' Lounge, codiciado a diario por el té de la tarde, es un santuario de ambiente blanco y etéreo dedicado a la historia literaria. Los huéspedes que prefieren los cócteles al té Darjeeling saben que el Bamboo Bar, al otro extremo del hotel, les espera. Fue el primer local con música de jazz de Bangkok y data de 1953. Pasados todos estos años, todavía ofrece actuaciones musicales, aunque ahora en una exquisita sala que mantiene su carácter modernista tropical con paredes llenas de botellas y diseños de piel de tigre y ratán.

El Thaijito, una variante del Mojito preparada con licor Mehkong tailandés, que ni es whisky ni es ron, es uno de los preferidos aquí, pero el bar también concibe cartas especiales, como la Compass, inspirada en las cinco regiones tailandesas. Con bebidas elaboradas a base de ingredientes como anacardos, polen y flor de coco, uno da un paseo sensorial por Tailandia sin salir del bar.

MANDARIN ORIENTAL
BANGKOK, TAILANDIA

EN EL CANDELERO:
DISEÑO DEL MENÚ
dosis de fantasía para despertar el apetito

LA SUMA
DE LAS
PARTES

Un local que te deje sin aliento, o que al menos permita escapar de la monotonía mientras tomas un Manhattan o dos, con bármanes que preparen cócteles mediante combinaciones sorprendentes de ingredientes, es el sello de los grandes bares de hotel. Pero estos son capaces —y a menudo lo hacen— de ir más allá con sus elaboradas narrativas. Habrá quien lo atribuya a la novedad, pero se trata de sucumbir ante la idea personal de un mundo maravilloso.

Solo se puede entrar al ROOM 309 del Pottinger Hong Kong, por ejemplo, si se dispone de invitación. En la recepción, el cliente recibe una llave en forma de tarjeta que le permite acceder al salón clandestino del tercer piso. Allí, en un antro con 22 asientos decorado con viejas columnas de cabeza de león, se elige entre dos cartas de bebidas de Antonio Lai, del Tasting Group. Una está dedicada a sus clásicos Golden Key, como el French 75; la otra, a combinados «invisibles», como el Crystal Old Fashioned (bourbon de mantequilla de cacahuete, bíter casero de virutas de madera y concentrado de plátano), enumerados, claro, en un menú transparente.

En el Jigger & Pony, de estilo de mediados de siglo, situado en el interior del hotel Amara Singapore, los clientes pasan la noche con un Madame President (un Negroni con sabor del Jardín Botánico de Singapur con ginebra Monkey 47, vermut seco de combava, orquídea y licor de melón amargo), acompañado de una caprichosa piruleta de Campari. El Mineral Vodka Soda, con gas, Belvedere a la lima y savia de abedul, es otra opción habitual. Ambos aparecen en las cartas del Jigger & Pony, siempre creativas y en forma de revista. Con titulares tan atrayentes como «The Decade Ahead» («La próxima década»), sus páginas se dividen entre las diversas bebidas y revelan sus historias en textos de estilo periodístico y culminan con una tabla de todos los cócteles resumidos al final de cada entrega.

En Montreal, en el bar Nacarat del hotel Fairmont The Queen Elizabeth, se entrega a los clientes una carta que a la vez es una rueda de sabores. Mediantes pictogramas, recorre los perfiles de amargo, picante, umami, ácido y dulce, con el fin de ayudar a los asombrados bebedores a tomar una buena decisión al escoger entre nombres como el Toadka (vodka, vermut blanco, guisantes, licor de menta, tintura de setas y wasabi) o La Marsa, de bourbon de frambuesa que evoca el aire de Túnez, con sorbete de pimiento y espuma de cítricos.

La carta de cócteles del bar Midnight Rambler, del hotel Joule, gestionado por el matrimonio formado por Christy Pope y Chad Solomon, también derrocha imaginación (se inspira en rituales paganos primaverales, bebidas festivas al estilo del Island of Misfits). Pero la lista es solo una pieza de un sugestivo rompecabezas. Además, hay cócteles neoclásicos elaborados con técnica, como el Savoury Hunter (ginebra de caña de limón y hoja de lima makrut, lima, coco, cilantro y chile tailandés) y el Tiger Style (arak Batavia, lima calamansi, azúcar de palma, pimienta pippali, clara de huevo y esencia de casia); y un aura de rocanrol gracias a la decoración con piel oscura, acabados metálicos y suelo ajedrezado. El hilo musical, con canciones de The Sonics, Velvet Underground, Ike y Tina Turner y Rolling Stones, también se confeccionó con esmero para canalizar el ambiente de los sesenta y setenta. «Los bares de hotel son lugares que se prestan a la fantasía y el escapismo», afirma Pope, cosa que, añade Solomon, «deja más espacio para la buena experimentación de la vivencia en sí y de los sabores y la presentación de las bebidas».

Tal vez el bar de hotel parezca un espejismo bellamente orquestado, pero detrás de lo visible, la fuerza surge de la eficiencia y la practicidad. «Una de las dificultades más interesantes con que suelo lidiar es la disposición del interior de la barra, es decir, de los utensilios necesarios que configuran el espacio de trabajo del barman. Una barra bien pensada ahorra miles de dólares al año porque se invierte menos tiempo en ejecutar el servicio», explica Mike Ryan, jefe de bares del grupo de hoteles y restaurantes Kimpton. «El personal debe poder centrarse en servir a los clientes, no solo en servir bebidas. El reto constante consiste en crear espacios que sean funcionales además de bonitos, como si se tratara de un majestuoso crucigrama de cuatro dimensiones, pero con alcohol y copas y acero inoxidable en lugar de vocales y consonantes».

Tal vez el bar
de hotel parezca un
espejismo bellamente
orquestado, pero
detrás de lo visible,
la fuerza surge
de la eficiencia
y la practicidad.

N.º 44

Singapore Sling

LONG BAR DEL RAFFLES
SINGAPORE, SINGAPUR

Creado por Ngiam Tong Boon

INGREDIENTES

30 ml (1 fl oz) de ginebra London Dry Gin
10 ml (⅓ fl oz) de licor Bénédictine
10 ml (⅓ fl oz) de curasao Pierre Ferrand
Dry
10 ml (⅓ fl oz) de Luxardo Cherry Sangue
Morlacco
10 ml (⅓ fl oz) de Crawley's Singapore
Sling Grenadine
60 ml (2 fl oz) de zumo de piña fresco
22,5 ml (unos ¾ fl oz) de zumo de lima
recién exprimido
unas gotas de bíter Scrappy's Spice
Plantation
cereza y un trozo de piña, para decorar

ELABORACIÓN

Combina todos los ingredientes en
la coctelera llena de hielo y agita
vigorosamente unos 12 segundos. Cuela
el cóctel en un vaso largo refrigerado.
Decora con un pincho de cereza y piña.

La reforma de Champalimaud Design del
hotel Raffles Singapore en 2019 ha renovado
el interés por el establecimiento de fachada
etérea como de pastel de boda. El hotel, cuya
historia se remonta a 1887, ha renovado su
antiguo esplendor, con suelos pulidos de
mármol y madera de eucalipto, y una lámpara
de araña de inspiración floral que es el centro
de atención de un vestíbulo de tres pisos de
altura. Los entusiastas del Long Bar no deben
preocuparse, porque los ventiladores siguen
en su lugar y las cáscaras de cacahuete siguen
alfombrando el suelo.

Lo que sí ha cambiado, para mejor, es la
receta del icónico Singapore Sling del Long
Bar. A lo largo de los años, la bebida —creada
en 1915 por el barman Ngiam Tong Boon—
había decaído; su sabor demasiado dulce y
afrutado resultaba ofensivo a los paladares
cocteleros expertos. La versión actual que
se prepara en el Long Bar retoma la receta
de Boon del siglo pasado, enfatizando los
ingredientes de calidad, para obtener una
bebida más seca y equilibrada. El licor de
hierbas Bénédictine sigue siendo parte
integral del combinado, solo que ahora se
combina con sirope de zumo de granada
natural, Widges London Dry Gin al cardamomo,
curasao Pierre Ferrand Dry y bíteres Spice
Plantation propios. Toma uno, al menos, y para
la siguiente ronda, pide un Golden Milk Punch,
con leche de almendra al azafrán, jengibre y
licor de albaricoque, un ponche en honor de la
visita de Rudyard Kipling al Raffles en 1889.

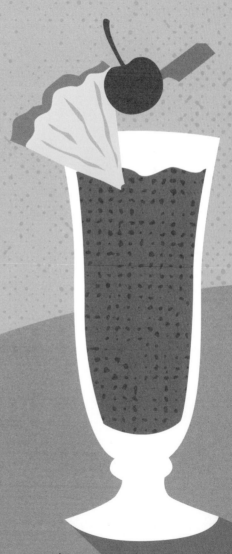

ASIA ORIENTAL Y PACÍFICO

MANHATTAN DEL REGENT, SINGAPUR

N.º 45

Mad Dog

MANHATTAN
DEL REGENT,
SINGAPUR

INGREDIENTES

60 ml (2 fl oz) de whisky Johnnie
   Walker 18 años
7,5 ml (¼ fl oz) de curasao Pierre
   Ferrand Dry
5 ml (1 cucharadita) de licor Luxardo
   Maraschino
5 ml (1 cucharadita) de Drambuie
2 chorritos de ajenjo (el bar usa St.
   George Absinthe Verte)
2 chorritos de amargo de Angostura
2 chorritos de bíter Peychaud
unas gotas de bíter de nuez negra
   Fee Brothers
1 tira de piel de limón, para decorar

ELABORACIÓN

Pon todos los ingredientes en el
vaso mezclador y añade hielo, luego
remueve hasta que se enfríe. Vierte
en una copa de vino y añade un gran
cubito de hielo. Exprime la piel de
limón sobre la bebida y échala dentro
para decorar.

John Portman, el fallecido arquitecto
americano, pionero y promotor urbanístico,
revitalizó los vestíbulos del hotel con
ascensores de cristal futuristas que suben y
bajan por los vertiginosos atrios. Cuando el
hotel Pavilion InterContinental abrió en 1982,
guiaba con orgullo a los huéspedes hacia el
interior de uno de los espacios públicos con
estilo piramidal de Portman; hoy, el ahora
Regent Singapore, sigue cautivando con el
atractivo de su diseño vertical. Otro atractivo,
mucho más nuevo, es el Manhattan, el bar
ambientado en la Nueva York del siglo XIX,
abierto en 2014. Sofás para cómodos *tête-
à-tête* y sorbos del Aviation se solapan con
tapicerías de piel, cortinas de cabaret y la
espectacular barra de mármol. El Manhattan
reverencia a los clásicos, pero a la vez muestra
una vena audaz. Por ejemplo, los barriles con
cócteles en maduración amontonados forman
la primera bodega de este tipo dentro de un
hotel. El 50/50 Martini se prepara con licor de
melocotón Mathilde y distintos sabores, como
manzana, piel de limón y aceitunas, mientras
que el Meyer's Fizz combina whisky Michter's
US*1 Sour Mash, vermut, ponche de leche con
yogur de vainilla, limón clarificado y agua con
gas. Como atestiguan el Kryptonite (ginebra
Botanist, vermut Marino Secco, sandía
clarificada, sirope de menta y tónica) y el Bada
Bing Bada Boom (The Glenlivet 12-Year-Old,
chianti Ruffino, sirope de especias, bíter
de cereza y tabaco, y puro de chocolate), el
personal del bar es también ingenioso.

    Para conseguir un efecto espectacular, el
Manhattan ahúma el Mad Dog con corteza de
cerezo y bayas de Schisandra.

N.º 46

Jungle Bird

AVIARY BAR DEL
HILTON KUALA LUMPUR,
MALASIA

Adaptado por Dez O'Connell

INGREDIENTES

50 ml (1 ¾ fl oz) de ron Goslings
12,5 ml (2 ½ cucharaditas) de Campari
12,5 ml (2 ½ cucharaditas) de zumo
   de lima recién exprimido
15 ml (½ fl oz) de sirope básico (p. 11)
   (1,75 partes de azúcar por 1 parte
   de agua)
60 ml (2 fl oz) de zumo de piña fresco
1 piña mini, abierta por arriba
   y vaciada, para servir
1 rodaja de naranja, para decorar
1 cereza encurtida, para decorar

ELABORACIÓN

Combina todos los ingredientes en la
coctelera llena de hielo y agita. Llena
la minipiña de hielo picado y cuela
el cóctel en su interior. Decora con la
rodaja de naranja y la cereza.

De haber pasado por Kuala Lumpur en los
setenta, habrías tomado un martini en el bar
del Hilton y observado las aves desde el otro
lado de una pared de cristal. En ello se inspiró
supuestamente el jefe de bebidas Jeffrey
Ong para crear el Jungle Bird en 1973, una
bebida de bienvenida que coincidía con la
inauguración del hotel. Servida en un vistoso
recipiente cerámico en forma de ave, era una
mezcla refrescante a base de ron, Campari,
zumo de lima y azúcar, decorada con fruta y
flores, que enseguida ocupó un lugar entre
los clásicos tropicales, menos dulce (gracias
al Campari) y menos complicada que sus
homólogas.

El Hilton, que atrajo a huéspedes como
Muhammad Ali y la entonces princesa Isabel
de Inglaterra, al cabo de los años pasó a
manos del grupo Crowne Plaza y al final fue
derribado. No obstante, existe un nuevo Hilton
Kuala Lumpur en la ciudad, y su bar se llama
Aviary. En el Aviary, junto a la sensual pared
curvilínea, la diversión no la proporcionan las
aves de paso, sino un buen Jungle Bird.

Este cóctel tiki clásico sabe mejor si
se toma en un recipiente en forma de ave,
bien colorido y retro. Dada su escasez en los
mercadillos, una moderna minipiña bastará
para aportar la debida dosis de kitsch
polinesio a esta versión de Dez O'Connell, que
desde Budapest supervisa los cócteles para
el imperio Brodyland, incluidos los del bar del
hotel boutique Brody House.

ASIA ORIENTAL Y PACÍFICO

INGREDIENTES

50 ml (1 ¾ fl oz) de vodka Absolut Elyx
10 ml (⅓ fl oz) de infusión de vermut Mancino Secco con melocotón y nectarina*
2 chorritos de bíter de naranja
3 aceitunas o un rizo de limón, para decorar

* Para la infusión de vermut (salen 700 ml [24 fl oz]):
1 melocotón, sin hueso, cortado en 6 gajos
1 nectarina, sin hueso, cortada en 6 gajos
700 ml (24 fl oz) de Mancino Secco

ELABORACIÓN

Para la infusión de vermut, combina el melocotón y la nectarina con el Mancino Secco, cubre con una tapa y refrigera durante 24 horas. Cuela en un recipiente limpio y la infusión estará lista para usar.

Para el cóctel, añade los ingredientes en el vaso mezclador y llena con hielo, luego remueve unos 20 segundos. Cuela dos veces en una copa Martini refrigerada y decora con aceitunas o un rizo de limón.

Sería una tontería venir hasta Sídney y no dedicar un buen rato a regocijarse contemplando la Sydney Opera House. Por eso, muchos viajeros programan una velada o un té en el Blu Bar on 36. Desde el piso 36 del hotel Shangri-La, te sientes flotar sobre aquella maravilla arquitectónica en forma de caparazón. El Sydney Harbour Bridge también te deja boquiabierto.

El Shangri-La abrió en la zona de Rocks en 2003. Aunque los huéspedes quedan extasiados con sus baños de mármol y motivos florales repartidos por las cabeceras y moquetas, el bar es con toda probabilidad el lugar preferido del hotel. Aquí, los martinis son una forma de arte, y parece que al menos hay uno en cada mesa, pero los combinados originales también destacan. Empieza con un Two At Most (mezcal Del Maguey Vida, Chartreuse amarillo, lima, falernum y ajenjo) y termina con el GPS, una fusión de Laphroaig, Campari y Dubonnet. Los cócteles son tan encomiables como lo que se presencia a través de las cristaleras.

N.º 47

36 Above Martini

BLU BAR ON 36
DEL SHANGRI-LA,
SÍDNEY, AUSTRALIA

LA ILUMINACIÓN COMO NARRATIVA ARTÍSTICA

Greg Bradshaw, Adam Farmerie, William Harris y Kristina O'Neal se asociaron para fundar AvroKO en 2001; desde entonces, esta firma de diseño y concepto se ha expandido desde su base de Nueva York hasta sus estudios en Bangkok, San Francisco y Londres. Una potencia del sector hotelero mundial, AvroKO ha diseñado bares de hotel en Asia, como el Charles H. del Four Seasons Hotel Seoul, el Jing de Temple House en Chengdu, el Terrible Baby de Eaton HK en Hong Kong, y UNION y Superfly de Opposite House en Beijing. La maravillosa iluminación inherente a todos los proyectos de AvroKO es crucial en el proceso artístico del cuarteto. Como comenta AvroKO más abajo, este elemento –con frecuencia olvidado en los bares– ofrece la oportunidad de contar una historia.

La iluminación es una de las herramientas con mayor peso para crear una narrativa potente en el ambiente de un bar. Puede crear misterio, incitar el deleite o incluso fomentar un estado de ánimo concreto. Puede incluso ser literalmente la historia del local. Para nosotros, todos estos son aspectos tentadores del poder del diseño de la iluminación.

Empleamos numerosas estrategias para crear una luz que a la vez sea artística y apoye la narrativa. Muchos diseñadores son capaces de cosas bonitas, pero dar a la iluminación el poder de contar una historia que refuerce la conexión y el significado del espacio es un reto maravilloso y una motivación necesaria para un diseñador ambicioso. Ilustrar una historia de manera abstracta deja lugar a los huéspedes para su propia interpretación de una sala o de la experiencia que esté creando la iluminación. Esta relación puede ser poética y los huéspedes pueden convertirse en participantes activos y, en cierto modo, colaboradores creativos para completar lo que se afirma. Cuando los clientes pasan a formar parte del diálogo, la experiencia resulta mucho más satisfactoria y estimulante.

La luz también es un éxito artístico cuando provoca admiración y deleite. Pueden utilizarse materiales y formas poco convencionales, ubicaciones inesperadas y una dimensión sorprendente para conseguir un efecto; fomentar que uno se detenga a observar, sin ahogar el resto de la experiencia.

Para terminar, ayudar a las personas a sentirse física y emocionalmente mejor con el diseño de una iluminación adecuada es vital. Típicamente, esto implica encontrar la manera de proyectar un brillo cálido y al mismo tiempo conseguir que la luz sea suave y acogedora. Una buena iluminación también ayuda a definir los espacios para los huéspedes, guiar su recorrido y crear una sensación de arraigo al lugar.

Por ejemplo, en el Nan Bei, un restaurante chino contemporáneo situado en el piso 19 del hotel Rosewood de Bangkok con una preciosa barra monolítica fabricada con mármol Portoro Gold con detalle de latón, utilizamos un diseño de iluminación efímera con una espectacular instalación que da la bienvenida a los huéspedes al llegar. Esta instalación es una abstracción de la obra narrativa que inspiraba el conjunto del diseño interior, que se basaba en la leyenda china de la tejedora y el pastor. Cuenta esta leyenda que la tejedora, que vivía en el cielo, bajó a la tierra y se enamoró del pastor. Pero el suyo era un amor prohibido y solo podían encontrarse una noche al año cruzando el cielo sobre un puente de urracas.

En el gran atrio abierto, para ilustrar
este encuentro de manera original,
confeccionamos a mano más de 800 urracas
con malla de latón. Las colgamos para
formar el arco de un sutil puente. Entonces
se instalaron miles de LED de luz cálida a
siete metros de altura para llenar el espacio,
creando una especie de cielo nocturno etéreo.
El cristal de los pasillos circundantes refleja
la reluciente instalación con gran belleza,
y se crea el mágico efecto de su infinita
expansión. Para enmarcar esta obra, creamos
unos marcos de madera circulares en los
cuales adaptamos bancos curvos tapizados.
La interacción también es algo importante
para nosotros, y los clientes curiosos pueden
sentarse en estos asientos y quedar incluidos
en la propia pieza. El resultado es que este
es uno de los rincones más fotografiados
del restaurante y un elemento distintivo del
espacio y la marca.

crear misterio, incitar el deleite

...

reforzar la conexión y el significado del espacio

...

una dimensión sorprendente

CÓCTELES DEL MUNDO

N.º 48

QT G&T

THE ROOFTOP DEL
HOTEL QT MELBOURNE,
MELBOURNE, AUSTRALIA

INGREDIENTES

2 rodajas de pepino
45 ml (1 ½ fl oz) de ginebra
 Tanqueray
15 ml (½ fl oz) de licor St. Germain
15 ml (½ fl oz) de zumo de lima
 recién exprimido
15 ml (½ fl oz) de sirope básico
 (p. 11)
tónica, para llenar

ELABORACIÓN

Maja el pepino en el fondo de un
vaso largo. Añade la ginebra, el
St. Germain, el zumo de lima y
el sirope, luego echa hielo y acaba
de llenar con tónica, removiendo
con una cuchara coctelera.

Los mejores bares en Melbourne son los de
azotea. Cada noche, sus habitantes salen al
exterior en pandilla y suben a las alturas en
busca de fiesta con la ciudad a sus pies. Poca
cosa basta para que estos bares triunfen;
las multitudes constantes, que van de un
local a otro, son testimonio de la popularidad
de un trago en lo alto de un edificio. Pero de
vez en cuando se da con un bar que no solo
cuenta con las impresionantes vistas, sino
que además derrocha estilo. Uno de ellos es
el bar Rooftop at QT, del hotel QT Melbourne.
Como parte de la singular cartera centrada
en el arte y el diseño de QT Hotels & Resorts,
el QT Melbourne valora la estética y el bar,
de grandes dimensiones, no se queda atrás.
Envuelto en losetas tipo ladrillos de un verde
brillante en armonía con un montón de plantas
colgantes, es una preciosidad. Recuéstate en
los cojines de una de las mesas a la luz de las
velas y pide tacos de pescado con un Vanilla
Passionfruit Pisco Sour o un Bullet Train to
Spain (bourbon Bulleit, jerez Pedro Ximénez,
horchata, hojas de limón y de combava).
Aunque los disc-jockeys solo aparecen cuando
hay eventos especiales, aquí no falta la
energía de la fiesta los fines de semana. Por
suerte, eso no resta alegría.

N.º 49

The Remedy

PAPER DAISY
DEL HALCYON HOUSE,
CABARITA BEACH,
AUSTRALIA

INGREDIENTES

4 bayas de temporada variadas, y más para decorar
60 ml (2 fl oz) de ginebra seca (el bar usa Brookie's Byron, destilada en Byron Bay y elaborada con especies botánicas australianas)
20 ml (²⁄₃ fl oz) de zumo de limón recién exprimido
20 ml (²⁄₃ fl oz) de jarabe de bayas variadas*
kombucha, para llenar
ramita de menta fresca, para decorar

Para el jarabe de bayas variadas (salen 700 ml [24 fl oz]):
100 g (3 ½ oz) de arándanos
100 g (3 ½ oz) de moras
100 g (3 ½ oz) de frambuesas
500 g (1 lb 2 oz) de azúcar blanco
500 ml (17 fl oz) de vinagre de manzana

ELABORACIÓN

Para el jarabe de bayas variadas, maja las bayas en un tarro de 1 litro (34 fl oz). Añade el azúcar y el vinagre, cubre y deja reposar 1 semana. Cuela en una botella o tarro limpio. Se conserva hasta 3 meses.

Para el cóctel, maja las bayas con cuidado en el fondo de un vaso Boston, lo suficiente únicamente para que se abran. Añade un poco de hielo picado, la ginebra, el zumo de limón y el jarabe, y remueve. Acaba de llenar con kombucha y decora con más hielo picado, una ramita de menta y bayas.

Cabarita Beach, a unos 90 minutos al sur de Brisbane, encarna el concepto de vacaciones. En este lugar de la costa australiana, no se puede hacer nada más que relajarse, y una estancia en el Halcyon House casi exige que así sea. El exquisito establecimiento de playa decorado con mobiliario vintage, paredes forradas de tela y losetas cerámicas azules y blancas abrió en 2015 como iniciativa de dos hermanas visionarias que adivinaron el gran potencial de este antiguo motel surfero. Los huéspedes también. Se pasan las mañanas tomando clases de surf o practicando yoga en la playa; luego, después de un paseo en globo por encima del Mount Warning o una caminata por un retazo de selva costera hasta Norries Headland, están listos para holgazanear en la piscina del Halcyon House, que parece sacada del viejo Hollywood. Pero queda una parada más antes de dar la velada por terminada: el Paper Daisy. Repleto de obras de arte, el soleado restaurante del Halcyon House resulta elegante a la vez que hogareño. Los lugareños también están encantados con él, aunque solo sea para tomar algo en este blanquísimo espacio. Cócteles como el Spicy Tryst (vodka Grey Goose aromatizado con chile, zumo de lima, sirope de naranja tostada, néctar de mango y pulpa de maracuyá) y el Down the Garden Path (ginebra seca Four Pillars Rare, jarabe de albahaca y menta, pepino, zumo de limón, soda con aroma de albahaca y pomelo) resumen con precisión la filosofía del Halcyon House.

N.º 50

Spirit of Virtues

EICHARDT'S BAR
DEL EICHARDT'S PRIVATE
HOTEL, QUEENSTOWN,
NUEVA ZELANDA

Creado por Shaun White

INGREDIENTES

30 ml (1 fl oz) de bourbon Maker's
   Mark
30 ml (1 fl oz) de Amaro Montenegro
10 ml (⅓ fl oz) de Aperol
2 chorritos de bíter de pomelo
   y lúpulo
2 tiras de piel de limón
rizo de piel de limón, para decorar

ELABORACIÓN

Añade el bourbon, el amaro, el Aperol,
el bíter y una de las tiras de limón
al vaso mezclador y remueve con
cuidado 10-15 segundos. Cuela en
una copa Martini o copa Pompadour
refrigerada. Exprime los aceites de
la otra tira de limón sobre la bebida.
Remata con el rizo de piel de limón.

Queenstown, en la Isla Sur de Nueva Zelanda,
es adonde vienen a jugar los aventureros,
que se divierten practicando puenting,
parapente y rapel. En la década de 1860,
el subidón de adrenalina se conseguía
de otra forma: buscando oro. En aquella
época próspera, se convirtió un corral de
esquila en hotel; en 1869, cuando el turismo
sustituyó a los mineros, Albert Eichardt era
el único propietario. Situado a orillas del
lago Wakatipu, el hotel Eichardt's Private
sigue acogiendo turistas, solo que ahora
se embarcan en yates, se zampan espalda
de cordero con vino Pinot Noir en el Grille, y
consideran el Eichardt's Bar su sala de estar.
Aquí se acomodan y engullen croquetas de
carrillada de cerdo rebozadas con pan rallado
al tomillo. A menudo, los cócteles tienen un
toque culinario: el bourbon Woodford Reserve
se ahúma con miel manuka y el whisky de
centeno se aromatiza con dátil. Rematado
con sorbete casero de naranja sanguina y
tomillo, el Sangroni (ginebra, Campari y sirope
de tomillo) es una feliz excusa para sentarse
junto al fuego un ratito más.

EICHARDT'S PRIVATE HOTEL.

DIRECCIÓN
DE LOS HOTELES

LAS AMÉRICAS

Belmond Copacabana Palace
Avenida Atlântica, 1702, Río de Janeiro
belmond.com

The Carlyle, A Rosewood Hotel
35 E 76th Street, Nueva York
rosewoodhotels.com

Country Club Lima Hotel
Avenida Los Eucaliptos, 590, San Isidro, Lima
countryclublimahotel.com

Four Seasons Hotel Mexico City
Paseo de la Reforma, 500, Ciudad de México
fourseasons.com

The Hollywood Roosevelt
7000 Hollywood Boulevard, Los Ángeles
thehollywoodroosevelt.com

Hotel Commonwealth
500 Commonwealth Avenue, Boston
hotelcommonwealth.com

Hotel Monteleone
214 Royal Street, Nueva Orleans
hotelmonteleone.com

Hotel Nacional de Cuba
Calle 21 y O, Vedado, Plaza, Ciudad de La Habana
hotelnacionaldecuba.com

InterContinental The Willard Washington, D. C.
1401 Pennsylvania Avenue NW, Washington, D. C.
ihg.com

The NoMad Hotel
1170 Broadway, Nueva York
thenomadhotel.com

Rockhouse Hotel & Spa
W End Road, Negril
rockhouse.com

The St. Regis New York
2 E. 55th Street, Nueva York
marriott.com

Wedgewood Hotel & Spa
845 Hornby Street, Vancouver
wedgewoodhotel.com

EUROPA

Badrutt's Palace
Via Serlas, 27, St. Moritz
badruttspalace.com

Belmond Grand Hotel Europe
Mikhaylovskaya Ulitsa, 1/7,
San Petersburgo
belmond.com

The Connaught
Carlos Place, Londres
the-connaught.co.uk

The Gritti Palace, a Luxury Collection Hotel
Campo Santa Maria del Giglio, Venecia
marriott.com

Hotel am Steinplatz, Autograph Collection
Steinplatz, 4, Berlín
hotelsteinplatz.com

Hôtel de Paris Monte-Carlo
Place du Casino, Mónaco
montecarlosbm.com

Hotel de Russie
Via del Babuino, 9, Roma
roccofortehotels.com

Le Meurice
228 Rue de Rivoli, París
dorchestercollection.com

Nimb Hotel
Bernstorffsgade, 5, Copenhague
nimb.dk

Pulitzer Amsterdam
Prinsengracht, 323, Amsterdam
pulitzeramsterdam.com

Ritz Paris
15 Place Vendôme, París
ritzparis.com

The Savoy
Strand, Londres
thesavoylondon.com

The Stafford London
16-18 St. James's Place, Londres
thestaffordlondon.com

The Thief
Landgangen, 1, Oslo
thethief.com

The Westin Palace, Madrid
Plaza de las Cortes, 7, Madrid
marriott.com

ORIENTE MEDIO, ÁFRICA,
ASIA DEL SUR, INDIA

Burj Al Arab Jumeirah
Jumeirah Street, Dubái
jumeirah.com

Çırağan Palace Kempinski
Çırağan Caddesi, 32, Estambul
kempinksi.com

La Mamounia
Avenue Bab Jdid, Marrakech
mamounia.com

The Norman Tel Aviv
23-25 Nachmani Street, Tel Aviv
thenorman.com

The Oberoi, New Delhi
Dr Zakir Hussain Marg, Delhi Golf Club,
Nueva Delhi
oberoihotels.com

**The Royal Livingstone Victoria Falls
Zambia Hotel by Anantara**
Mosi-oa-Tunya Road, Livingstone
anantara.com

Sarova Stanley
Kenyatta Avenue and Kimathi
Street junction, Nairobi
sarovahotels.com

The Silo Hotel
Silo Square, Victoria & Alfred
Waterfront, Ciudad del Cabo
theroyalportfolio.com

W Maldives
Fesdu Island North Ari Atoll, Maldivas
marriott.com

ASIA Y PACÍFICO

Eichardt's Private Hotel
2 Marine Parade, Queenstown
eichardts.com

Four Seasons Hotel Seoul
97 Saemunan-ro, Seúl
fourseasons.com

Halcyon House
21 Cypress Crescent,
Cabarita Beach
halcyonhouse.com.au

Hilton Kuala Lumpur
3 Jalan Stesen Sentral, Kuala Lumpur
hilton.com

Imperial Hotel
1 Chome-1-1 Uchisaiwaicho, Tokio
imperialhotel.co.jp

Island Shangri-La, Hong Kong
Supreme Court Road, Hong Kong
shangri-la.com

Mandarin Oriental, Bangkok
48 Oriental Avenue, Bangkok
mandarinoriental.com

Park Hyatt Tokyo
3-7-1-2 Nishi-Shinjuku, Tokio
hyatt.com

QT Melbourne
133 Russell Street, Melbourne
qthotels.com

Raffles Singapore
1 Beach Road, Singapur
raffles.com

Regent Singapore
1 Cuscaden Road, Singapur
regenthotels.com

Shangri-La Hotel, Sydney
176 Cumberland Street, The Rocks, Sídney
shangri-la.com

Waldorf Astoria Shanghai On the Bund
2 Zhongshan East 1st Rd, Shanghái
waldorfastoriashanghai.com

Acerca de la autora

La fascinación de Alia Akkam con los hoteles empezó de pequeña, cuando su padre regresaba de sus innumerables viajes a Asia con un montón de botellitas de champú y toallas con la marca Hilton.

Nacida en el vibrante barrio multicultural neoyorquino de Queens –por el cual aún siente un gran cariño–, a Alia la atraen los destinos urbanos, donde vaga por las calles más concurridas, engulle especialidades del lugar en pequeños y ruidosos restaurantes, y observa personajes curiosos.

Su infancia y adolescencia los pasó en Long Island, Nueva York, sumergida en fantasías viajeras, haciendo rodar el globo terráqueo guardado en el desván y ojeando el atlas mundial *Funk & Wagnalls Hammond World Atlas* de la librería del salón para aprender los colores de las banderas internacionales.

De pequeña, su inclinación por la redacción de cuentos la llevó a la facultad de periodismo de la Universidad de Carolina del Sur, con sueños de convertirse en redactora publicitaria y trasladarse a Europa. El primer objetivo se tradujo en una carrera como escritora especializada en restaurantes, bares, viajes y diseño; el segundo se cumplió en 2015. Tras años trabajando en Nueva York, Alia emprendió la aventura de ir a vivir a Budapest –ciudad donde no conocía a nadie cuando no hablaba ni una palabra de húngaro–. En la actualidad, combina la escritura con paseos por el Danubio y porciones de bizcocho saboreadas en cafeterías del Viejo Mundo.

Aficionada a la arquitectura y a la cultura, Alia siente pasión por los edificios *art déco*, los teatros de Londres, el cine de la Nouvelle Vague francesa y el arte urbano. Nostálgica por naturaleza, lo que más le gusta es tomar algo en el vestíbulo de un hotel histórico o comer un plato de macarrones *ziti* en la mesa de un restaurante italiano tradicional, con música de fondo de grupos femeninos de los años 1960.

Agradecimientos

Son numerosas las personas que han aportado tiempo, conocimientos y, en muchos casos, sus recetas al presente libro, y a todas les debo mi gratitud. Me quito el sombrero ante todos los bármanes que de manera generosa han compartido sus creaciones, en particular ms franky marshall y Julia Momose por preparar deliciosas bebidas específicamente para este libro, y ante los publicistas que respondieron amablemente mis innumerables preguntas.

A todos los que contribuyeron con sus palabras, como el equipo de AvroKO, Jeff «Beachbum» Berry, Martin Brudnizki, Frank Caiafa, Ryan Chetiyawardana, Carlos Couturier, Alex Day, Meaghan Dorman, Jeffrey Morgenthaler, Gabe Orta, Christy Pope, David Rockwell, Mike Ryan, Audrey Saunders, Chad Solomon y Elad Zvi, gracias por elevar el nivel del libro con vuestra experiencia del sector.

Sin la ayuda del mago barístico Dez O'Connell —uno de los primeros amigos que hice en Budapest, cómo no, tomando un Daiquiri—, este libro no habría sido posible. Él proporcionó ingredientes, probó recetas e incluso aportó una propia a esta colección, mientras ofrecía interesantes sugerencias a lo largo del proceso, por lo cual me siento agradecida.

También quisiera brindar por el increíble equipo de la editorial, además de la diseñadora Claire Warner y la ilustración de Evi-O.Studio, que llevaron a cabo un magnífico trabajo de captura de la magia y extravagancia de los bares de hotel con sus diseños.

Debo reconocimiento también a otras personas: a Molly Ahuja, sin la cual este libro no habría visto la luz; a David Farley, Kayt Mathers y Maureen O'Hare, cuyo apoyo constante añadió alegría a los días más complicados; a Lisa Mendelson, por sus ánimos inspiradores; a Zsófia Fischer y Krisztina Munkácsi, por llevarme hasta la meta con su sabiduría y positividad; al personal del bar KOLLÁZS, por plantar tan gloriosa semilla; a Julie Besonen y David Bailey, por darme oportunidades de cuento de hadas tantos años atrás; al fallecido Bori Budaházi, por mostrarme cómo hay que vivir la vida; y, por supuesto, a Aaron Arrowsmith Taylor, por todo.

Índice

La edición original de esta obra
ha sido publicada en Londres en
2020 por Hardie Grant Books, sello
editorial de Hardie Grant Publishing,
con el título

Behind the Bar

Traducción del inglés: Gemma Fors

Copyright © de la edición española,
 Cinco Tintas, S.L., 2021
Copyright © del texto, Alia Akkam,
 2020
Copyright © de las ilustraciones,
 Evi-O. Studio, 2020
Copyright © de la edición original,
 Hardie Grant Books, 2020

Diagonal, 402 – 08037 Barcelona
www.cincotintas.com

Primera edición: mayo de 2021
Segunda edición: octubre de 2022

Impreso en China
Depósito legal: B 4601-2021
Código Thema: WBXD | Bebidas alcohólicas

ISBN 978-84-16407-93-4

FSC
www.fsc.org
MIX
Paper from
responsible sources
FSC™ C020056

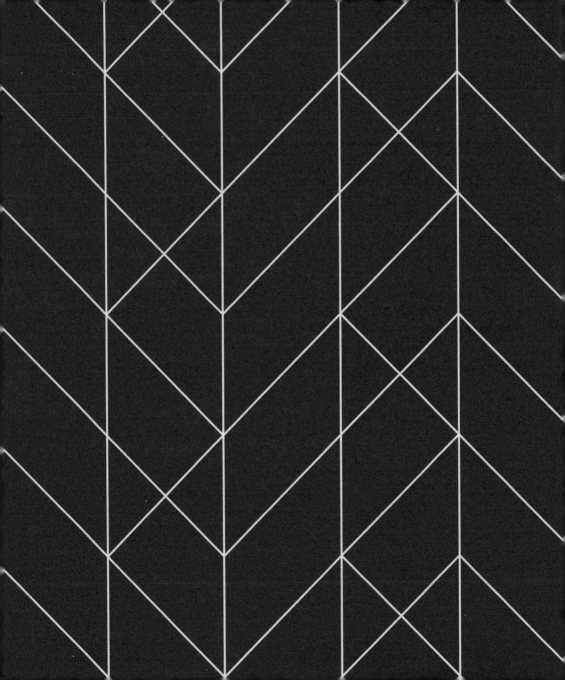